10 隻鳥 10 種個性，快

# 你是哪一種鳥?

Yasufumi Nakoshi

## 名越康文

三悅文化

## 前言

其實這本書所介紹的基本 10 種個性分類，是我為了與各種人交流時用來深入瞭解對方的獨門功夫。體型、骨架再加上對方給人的感覺，是我將個性分為 10 種類型的依據，這一次為了讓讀者能更輕易瞭解，我以 10 種鳥類為例來詳加說明。

另外，經過我長年來的研究，同樣是「深思熟慮的長尾林鴞」，也可以再細分為悠然自得型、採取怪異行動型、善解人意型等等。因此在本書裡，我另外又收錄「應用篇」，將 10 種類型的每一種再細分成 3 小類。

在這本書中，我希望能傳遞給各位讀者的訊息，是**感受性的差異以及學習感受性的重要**。

人類是非常不可思議的生物，去電影院或美術館，縱使欣賞同一件作品，自己和朋友感動的部分卻完全不同，有時自己覺得很感人的作品，在別人眼中卻是無聊，這種情況一點都不罕見。

另外，開始懂事時，有人會因為「奇怪？媽媽和自己的想法完全不一樣」、「爸爸和自己對事物的理解完全不同」而產生不協調，或者感到孤獨。

　　就如同這樣，人類是透過各種經驗慢慢學習與他人不同的感受性。雖說要發現「每個人有各自不同的感受性」是件容易的事，但多數人都**不會再深入思考各種感受性的內涵**，然而這才是重點所在。但是實際上就算想要深入瞭解感受性的內涵，卻也苦於身邊沒有任何參考的書籍或資料。

　　基於這一點，這次有幸撰寫這本書，希望各位讀者能在很愉悅的狀態下，輕輕鬆鬆去**瞭解不同感受性的內涵**。

　　這本書中所記載的並非所有的感受性，只是其中的一小部分而已。但**只要能大略瞭解他人的觀點、感受、想法、思考模式、價值觀和方向性等，就可以做到以更加寬容的心態來待人處事**。

舉例來說，我們在日常生活中心裡常會有「為什麼這個人總是如此冷淡」、「為什麼想到什麼就說什麼」等疑問；或者是「為什麼要這麼急著下結論」、「為什麼每到緊要關頭就悶不吭聲」等不滿。

　　這種時候，看看這本書就可以一點一點瞭解為什麼對方會有那種反應，為什麼會突然說出那麼古怪的話。當知道原因後，下次再遇到同樣情況就自然而然會這麼想「因為那個人就是這樣的思考模式，難怪會有和自己不一樣的反應」。如此一來，就可以很自然地接受彼此之間的差異，待人處事方面也會變得更寬宏大量。

　　除此之外，越是熟讀這本書，就越是可以掌握一些應對進退的訣竅，像是對於那些思考速度比自己慢的人，會懂得盡量不插嘴，多等候對方一下，柔性給予建言；對於那些不該給予忠告的人，會懂得在一旁靜靜守候。

如此一來，人際關係上的壓力減少，會漸漸在不發怒的情況下和平解決。當發怒與焦躁逐漸減少時，自身的運氣也會隨之提升。**瞭解與他人之間感受性的差異，最終目的是要讓自己變得更幸福。**

只單靠這本書就想解決所有問題當然不可能，但是，我想這肯定會是招喚幸福的一個重大契機。

這本書的目的**並非是要去猜測大家的個性，而是藉由瞭解自己與他人之間的差異來使人際關係更圓滑。**不要只閱讀屬於自己的部分覺得「好準喔！」然後就將書收進書櫃裡，要如同享受閱讀般反覆多看二次、三次，將這套分類個性的方法學起來，並將其活用在自己的日常生活中。

這麼做的話，能夠帶來幸福的小鳥肯定會飛到各位身邊。

一起來尋找你的內心鳥

## 你是哪一種鳥？診斷

# [基礎篇]

問題1～10 當中各自有 10 個小問題。
認為是的話就畫○，
然後計算每個問題中各有多少個○。
對答案有疑慮時，
問問熟知你的親友也無妨。
請確實仔細地寫下答案。

☐ 可以正確無誤的將當天的夢境敘述出來。

☐ 不敢冒險嘗試不曾吃過的食物。

☐ 在計劃旅行時是最愉快的時候。

☐ 即使參加聚會，也會趕搭末班車回家。

☐ 脖子粗又長，像大樹般的體型。

☐ 不受歡迎，也沒想過要受歡迎。

☐ 一看到印刷字體，就會不自覺仔細閱讀了起來。

☐ 不胖，但看起來塊頭很大。

☐ 常被人說愛講大道理。

☐ 對方稱呼自己時常會加上「先生／小姐」。

計 分

☐ 不覺得洗碗、燙衣服等家事很辛苦。

☐ 買了家電，會先從閱讀說明書開始。

☐ 臉和脖子都很纖細修長。

☐ 出門採買之前會先列清單。

☐ 一感覺有壓力就會胃痛。

☐ 不習慣在眾人面受到讚揚。

☐ 在捷運或公車上打盹時，常會臉朝上嘴巴張開。

☐ 利用手中僅有的金錢做規劃時會感到很愉快。

☐ 會嚴守規定與規則。

☐ 聽到「就交給你負責了」時會覺得很困擾。

計 分

☐ 就算遇到難過的事，過了一晚就會馬上忘記。

☐ 周圍的人常會用小名稱呼自己。

☐ 購物時常和店員交談。

☐ 喜歡粉紅色。

☐ 外出時會打扮得整整齊齊，但在家卻邋邋遢遢。

☐ 因為娃娃臉，看起來比實際年齡還要小。

☐ 用餐時會想要每一種都吃一點。

☐ 喜歡當攝影師，也喜歡當模特兒。

☐ 周遭人常說自己很率直純真。

☐ 去超商和百貨地下街時，最喜歡買甜食。

計 分

- [ ] 不易入眠，睡眠很淺。

- [ ] 身材是屬於寬肩膀消瘦型。

- [ ] 雖然臉上帶著笑容，卻看起來很落寞。

- [ ] 食量少，容易吃壞肚子。

- [ ] 常做悲傷的夢。

- [ ] 喜歡冷色系、淡色的衣服。

- [ ] 對說話大聲的人沒輒。

- [ ] 外出時，多半會請對方決定目的地。

- [ ] 對於不乾淨的地方或打扮骯髒的人有強烈的厭惡感。

- [ ] 不清楚自己想要做什麼，但很清楚自己不想做什麼。

計 分

☐ 假日時與其窩在家裡，還寧願出去外面走走。

☐ 回到家第一件事是開電視。

☐ 喜歡自己開車勝過搭捷運或公車。

☐ 願意將錢花在手錶、眼鏡和鞋子上。

☐ 雖然瘦，但肌肉很結實。

☐ 是屬於心動會馬上行動的類型。

☐ 不擅長烹煮套餐式等很花時間的料理。

☐ 喜歡看動作電影。

☐ 很適合穿輕便休閒風的服飾。

☐ 家裡擺飾有全家福照片。

計 分

☐ 與其過著平凡的日子，寧願選擇變化多端的人生。

☐ 常常有遲到很久的情況發生。

☐ 臉型是屬於尖下巴型。

☐ 喜歡復古樣式的衣服和古董。

☐ 常被周遭的人說是個性感的人。

☐ 喜歡貓勝過於狗。

☐ 非常執著於照相的方式。

☐ 常會不自覺倚靠在牆上。

☐ 一談起戀愛，會想讓對方為自己爭風吃醋。

☐ 會突然很想出去旅行。

計 分

☐ 一看運動比賽就很容易投入，不自覺會發出叫喊聲。

☐ 受到指責時，不是先沮喪而是先憤怒。

☐ 為了討人歡心，不小心講話就會誇張些。

☐ 有明確敵手時反而比較有幹勁。

☐ 明明沒生氣，看起來卻一副發怒的表情。

☐ 身材屬於肩膀寬大腿粗的類型。

☐ 常被周遭的人說穿著很華麗。

☐ 認為維持身材的美容瘦身和按摩是不可或缺的。

☐ 曾被人說打呼很吵。

☐ 認為如果是為了對方好，就應該老實告訴對方缺點所在。

計 分

☐ 常喜極而泣，常因同情而流眼淚。

☐ 臀部大而結實，腳有些短。

☐ 非常努力，但功勞往往不受認同。

☐ 常被分派擔任負責人的職務。

☐ 國字臉，眉毛很粗。

☐ 容易發酒瘋。

☐ 誇獎他人，奉承他人是最拿手的。

☐ 擅長聽他人訴苦，卻苦於向他人訴說自己的煩惱。

☐ 書寫字體大，且下筆又重。

☐ 看到有困難的人，就是無法坐視不管。

計 分

☐ 只要精神一集中，身體就會往前傾，完全聽不到周遭的雜音。

☐ 並非不擅長與人交往，只是無法輕易對他人敞開心胸。

☐ 一旦喜歡上了，就會一直吃同樣的食物。

☐ 臉部器官比較往中央集中。

☐ 穿上衣服略顯消瘦，但其實衣服底下是結實的肌肉。

☐ 不擅長分工作業，可以的話寧可自己一個人全包。

☐ 對於驚悚和可怕的東西很有興趣。

☐ 精神年齡比較成熟，覺得周遭的人都像小孩。

☐ 喜歡思考宇宙真理和人類存在等哲學性的東西。

☐ 讓別人看見不完整的半成品會覺得很丟臉。

計　分

☐ 長相雖然很華美，但表情很溫和。

☐ 喜歡招呼朋友來家裡玩。

☐ 喜歡看角色眾多的群星偶像劇。

☐ 聚餐時，如果有那種不幫忙傳遞餐點，一個人孤單窩在一角的人，就會一直很注意他。

☐ 如果遭人背叛，就會一直記在心裡，忘也忘不掉。

☐ 常會對人有擁抱、拍肩等身體上的接觸。

☐ 喜歡照顧別人，卻不善於被他人照顧。

☐ 身材是屬於前突後翹，穿上衣服顯得消瘦的類型。

☐ 比較有年紀較大的異性緣。

☐ 外表看似很牢靠，但其實有超級健忘症。

計 分

## [基礎篇]
# 診斷結果

問題 1～10 當中，
哪個○數最多，
您就是屬於那一型。
（若○數一樣多，或者差距極小的情況，
建議您兩種類型都閱讀）。

問題 1 最多 …………………… 深思熟慮 **長尾林鴞型**

問題 2 最多 …………………… 孜孜不倦 **鴿子型**

問題 3 最多 …………………… 惹人憐愛 **金絲雀型**

問題 4 最多 …………………… 神祕莫測 **白鶴型**

問題 5 最多 …………………… 俊秀聰敏 **燕子型**

問題 6 最多 …………………… 羅曼蒂克 **孔雀型**

問題 7 最多 …………………… 英勇好戰 **老鷹型**

問題 8 最多 …………………… 忍耐力強 **企鵝型**

問題 9 最多 …………………… 固執己見 **烏鴉型**

問題 10 最多 ………………… 照顧有加 **東方白鸛型**

> 從下一頁開始，將為您各以 3 個關鍵詞來解說專屬於您的個性小鳥。

# 深思熟慮長尾林鴞型

代表顏色……白色

認真又博學。給人的印象就像繪本中的長尾林鴞，凡事都經思考且沉穩。自律甚嚴，對他人也很嚴格。

認識深思熟慮長尾林鴞的

## 3個關鍵詞

 不會感情用事，依理性行動。攝取大量知識，喜歡循序漸進導出結論。

 不論是理論上的正確，還是道德上的正確，總而言之，隨時隨地要求「正確」。錯誤也會徹底改正。

 對新事物或奇特事物不感興趣，重視傳統。偏好正統的服飾。

●綜合診斷→ P30

# 惹人憐愛金絲雀型

代表顏色……粉紅色

開朗健談。像金絲雀一樣可愛，喜歡甜食和可愛的事物。判斷事物的基準是喜歡、討厭。善於察言觀色。

# 孜孜不倦鴿子型

代表顏色……灰色

樸素又保守。像鴿子一樣喜歡勤勉度過每一天。為了防患未然,會事先訂好計畫,做好萬全準備。

認識孜孜不倦鴿子的

## 3個關鍵詞

**單純作業**　一絲不苟的個性,喜歡腳踏實地的工作或單純作業。

**預　測**　會因為看不到未來而感到不安,在任何行動之前,一定要事先做好周詳的計畫。

**任　務**　會忠於自己被分配到的職務。只要有工作指南,不論什麼工作,都會盡心盡力完成。

●綜合診斷→ P32

認識惹人憐愛金絲雀的

## 3個關鍵詞

**變來變去**　情緒和話題內容常常變來變去。體型上也給人小巧、圓滾滾的印象。多半是臉蛋圓又娃娃臉。

**可　愛**　不論男性或女性,都給人較為可愛的感覺。本人也最喜歡可愛又甜美的事物。偏好色彩豐富的服裝。

**機　靈**　善於待人處世,當察覺時,往往都處於對自己較有利的位置。是屬於非腹黑型的機靈者。

●綜合診斷→ P34

# 神祕莫測 白鶴型

代表顏色……紫色

沒有生活感，高深莫測。像白鶴一樣感情纖細，給人虛幻的印象。容易對於他人消極的感情起反應，容易自我犧牲。

# 俊秀聰敏 燕子型

代表顏色……藍色

動作合理且又俐落。可以瞬間下判斷，像燕子一樣行動敏捷。喜歡挑戰新事物，對於成果會感到喜悅。

認識俊秀聰敏燕子的

## 3個關鍵詞

 合理主義　凡事重視效率。對於沒有利益的事不感興趣，且會理智地大刀斬除。

 速　度　想到後立即行動。常會預知未來，走在時代尖端。具有行動力，腦筋動得很快。

 身兼數職　不擅長只停留在一件事上，最喜歡身兼數職，同時進行好幾件事。最擅長「一邊做什麼一邊做什麼」。

●綜合診斷→ P38

認識神祕莫測白鶴的

# 3個關鍵字

**神　祕**
不主張自我，有種不得要領、遠離塵事的感覺。臉上總帶著有點為難的笑容，說起話來輕聲細語。

**負　面**
容易受到痛苦、辛苦等負面情感影響，比起喜歡，更容易產生討厭的感覺。

**自我犧牲**
縱使是對方的錯，也會認為是自己不好，容易成為最不幸的那個人。

●綜合診斷→ P36

●綜合診斷→ P36

問題 6 圈數最多者

# 羅曼蒂克孔雀型

代表顏色……紅色

有理想家、藝術家的氣質。就像孔雀一樣引人矚目，喜歡編織美麗又羅曼蒂克的夢想。成為具魅力的領導者還是夢想家僅一線之隔。

認識羅曼蒂克孔雀的

# 3個關鍵詞

**羅曼蒂克**
擁有宏大的夢想，熱愛編織美夢。若有實力或好運相伴，比任何人都有可能成就豐功偉業。

**散　漫**
對於現實生活中的瑣碎事物不感興趣，時間和金錢觀念也有點散漫。戀愛則是採自由主義。

**主　角**
覺得自己是連續劇中的主角，容易陶醉在各種狀況中。最喜歡自己。

●綜合診斷→ P40

**問題 7 圈數最多者**

# 英勇好戰老鷹型

代表顏色……綠色

強而有力且喜歡一決勝負。對巨大的、強大的事物有強烈憧憬，像老鷹一樣好戰，生存的意義在於取得勝利。

認識英勇好戰老鷹的

## 3個關鍵詞

| 憤　怒 | 怒氣總是先於悲傷前出現，明明沒生氣，卻常被周遭人問說「你在生氣嗎？」。 |
| 勝　利 | 喜歡與他人競爭，藉由取得勝利來獲得滿足。就連愛情也要分個輸贏。 |
| 喜華麗 | 身上喜歡穿戴許多飾品，打扮也都很華麗。動作也稍微有點誇張。 |

●綜合診斷→ P42

**問題 9 圈數最多者**

# 固執己見烏鴉型

代表顏色……黑色

具有集中力高的專業人才氣質。像烏鴉一樣，擁有敏銳的洞察力，完美構築屬於自己的世界。喜愛享受孤獨與獨自一人的時光。

# 忍耐力強企鵝型

代表顏色……棕色

喜歡當無名英雄。如同耐寒的企鵝般,是個忍耐力強的拼命三郎。喜歡他人的依賴,努力想要成為可以幫助他人的人。

認識忍耐力強企鵝的

## 3個關鍵詞

 常提議舉辦運動相關活動。喜歡努力、毅力等正面性的言語。重視學長姐和學弟妹之間的關係。

 同伴意識強烈,渴望能結交願意敞開心胸的知心好友。非常重視團體之間的團結,常擔任協調者。

 面對困難的事絕不逃避,會加以對抗。但如果努力不獲得認同的話,就會轉變為壓力。

●綜合診斷→ P44

認識固執己見烏鴉的

## 3個關鍵詞

**專業人才氣質** 對於喜歡的事物會執著到底,絕不妥協的完美主義者。對其他事物則完全漠不關心。

**本 質** 會追究事物的本質,且有洞悉事物的本能。重視直觀能力甚於第六感。

**集 中** 一旦集中精神,就會對周遭事物視而不見。寧願犧牲睡眠,也要投入工作或興趣上。

●綜合診斷→ P46

# 照顧有加 東方白鸛型

代表顏色……橘色

具有包容力而且個性開朗。東方白鸛喜歡照顧並且幫助他人。灌注多到滿溢的愛情，是眾人傾心的對象。

認識照顧有加東方白鸛的

## ３個關鍵詞

**慈 愛**　會以愛情去包容依賴自己的人，猶如慈祥母親的存在。照顧他人是存在的意義。

**巨星風采**　長得很耀眼，容易吸引他人目光，有張如菩薩一般溫柔的臉龐。連自己也很熱愛受人曯目。

**健 忘**　討厭的事、難過的事，很快就會遺忘，是個樂天派。但另一方面，也有容易遺忘重大事情的壞習慣。

●綜合診斷→ P48

代表你內心的是哪一種鳥呢？

**詳細的綜合診斷，請參考 P29。**

# 目　錄

Part2

你是哪一種鳥？診斷 ［應用篇］⋯⋯⋯⋯⋯ 52

# 10種鳥的
# 綜合診斷

從下一頁開始將針對棲息於人們
內心中的鳥進行詳細解說。
請仔細確認自己的個性特徵、
人際關係上的習慣與緣分等等。

# 深思熟慮的 長尾林鴞
知識慾旺盛的理論派，
重視秩序和規則

## 個性 認真且穩重的優等生

深思熟慮的長尾林鴞是以邏輯觀點來理解事情，是左腦型的人物。透過閱讀來吸收大量知識，以知識為基礎獨創屬於自己的一套理論和邏輯。下判斷時重視是否合乎道德，是否在理論上說得過去，不會一開始就感情用事。

擅長將透過文字得來的知識以簡明易懂的方式進行理解，再以語言傳達給他人，且善於說服他人。因為會先在腦子裡仔細思考後再行動，所以比較不會出現太大的失敗。但也因此較為欠缺獨創性與果斷性。

因為嚴肅且缺乏即興力，小時候或年輕時代看起來較不伶俐，容易給人傻呼呼的印象。但隨著年紀增長，就慢慢給人穩重且充滿智慧的感覺。

## 外表 優雅且苗條的保守主義者

體型像電線桿般呈一直線。臉長、脖子長又粗、雙腳像棒子一樣筆直，多半都是高個子。聲音低沉且音量大。表情具知性與品味，不少這種個性的人看起來都比實際年齡成熟一些。打扮偏向保守，對於流行的事物不輕易出手，會配合 TPO（時間、地點、場合）挑選一些安全牌的服飾。對於名牌和華麗的配色都是較為無法接受。會穿著材質好的、正統的服飾。

3 個關鍵詞
◎頭腦派
◎正確
◎保守
代表顏色……白色

**待人** 待人有禮，一視同仁

　　待人真誠且一視同仁，不管對方是強是弱。但是，因為重禮儀的個性，對年長者心存敬意，對無理的人則感到輕蔑。有約定就一定會遵守，常將「必須～～」「應該～～」掛在嘴上。嚴以律己，同樣也嚴以待人。

## 配對

### GOOD 惹人憐愛的金絲雀、照顧有加的東方白鸛

　　對於容易光說不練的長尾林鴞的固執，惹人憐愛的金絲雀總是有辦法可以化解，還可以使長尾林鴞融入周遭環境，是個氣氛製造高手。金絲雀很尊敬長尾林鴞，而長尾林鴞非常疼愛金絲雀，所以會是很好的上司‧部屬搭檔。喜歡照顧他人的東方白鸛則是會領導不善於將感情直接表達出來的長尾林鴞，進而使其發展成戀情。雖然不太會有激情火花，但結了婚會共組一個和樂的家庭。

### 注意！ 俊秀聰敏的燕子、羅曼蒂克的孔雀

　　當機立斷的燕子對深思熟慮的長尾林鴞而言，是非常難以共事的對象。若硬要配合對方的步調，只會徒增自己的辛勞，增加無謂的失誤。如果一起工作的話，最好保持距離，謹守自己的步調。而追求戀愛多變與刺激的孔雀，對於希望談一場忠誠戀愛的長尾林鴞來說更是天敵。彼此都不善於應付對方，所以甚少會發展成一對戀人。

# 孜孜不倦的鴿子

和平沒有變化，
喜好平凡日子的公務員派

孜孜不倦的鴿子和深思熟慮的長尾林鴞一樣，是充滿知性且優雅的人。但是鴿子不像長尾林鴞一樣擁有非得完成不可的堅強意志。對於眼前分派的工作，會盡忠職守地完成，喜歡從事後臺、幕後的工作。

害怕平穩的日常生活受到干擾，當開始每一項新事物之前，一定會先訂定周詳的計畫再執行。另外，像從書上或他人得到的資訊，孜孜不倦的鴿子幾乎不會照自己的方式去重新編排，會完全按照指南的指示去執行。

喜歡單純作業或單調的工作，會過著儉樸不浪費的生活，興趣方面，與其選擇可自我提升證照類的，還寧可選擇寫書法、手工藝、散步等可以穩定身心的。

明顯突出的顴骨和細長的脖子是最大特徵，屬於骨瘦如柴的體型。幾乎不會大聲說話，總是以沉穩的音調輕聲細語，但是一興奮，聲音會變得較為尖銳。

不會穿著名牌或華麗的衣服，偏好穩重的顏色與設計。比起外觀，更重視實用性，以穿鞋子來說，會選擇低跟好走的；皮包方面也會選用收納功能佳的。

3 個關鍵字
● 單純作業
● 預測
● 任務
代表顏色……灰色

 **相處時被動、充滿官僚氣息**

比起自己滔滔不絕，寧願選擇傾聽、隨腔附和。但是，對於他人的詢問，會確實清楚回答。

另外，會將交際視為義務或任務，「因為是情侶，所以每天一定要發一封 email」，「不能只和某些特定的後進要好」等等，以官僚方式來交際應酬的人也不少。

## 配對

### GOOD 固執己見的烏鴉、英勇好戰的老鷹

希望每件事都由自己決定的固執烏鴉和樂於凡事按照他人指示的鴿子，兩者是工作上的最佳拍檔。彼此在不過度干涉之下逐步完成所有工作。另外，稍微強硬的好戰老鷹擅於領導在感情上總是處於被動的鴿子。鴿子那總是謹言慎行的態度也會激起老鷹的自尊心，進而將其馴服得服服貼貼。

### 注意！ 孜孜不倦的鴿子、忍耐力強的企鵝

孜孜不倦的鴿子雖然擅長將分配到的工作按部就班完成，但是欠缺自動自發。因此，如果同是鴿子型的人一起共事，工作可能遲遲沒有進展，計畫也有可能會泡湯。另外，忍耐力強的企鵝渴望與他人深入交往的作風容易打亂鴿子的步調，所以對交際不夾帶感情的鴿子來說，企鵝是個會令人感到窒息的對象。當發展成情侶時，這種情形尤其明顯。

# 惹人憐愛的 **金絲雀**

說話開朗，
職場偶像

## 個性 善變、任性，但不會顧人怨

總是笑得很天真無邪，不論對方是誰，都能很快打成一片。像小孩一樣性情多變，會突然鬧情緒、突然大哭，但怒氣和悲傷都不會持續太久，過一會兒就會心情好轉，開始滔滔不絕。

只憑喜惡來判斷事情，所以容易被周遭的人覺得很任性。但另一方面，又因為會坦承「很抱歉，我太任性了」，所以並不會顧人怨。

最喜歡甜食和美食，給人嘴巴總是動個不停的印象。肚子一餓就會馬上心情不好，相反的，只要一吃到美食，心情就會立即好轉。

喜歡可愛的事物，本人也總是笑瞇瞇，給人很可愛的感覺。在團體裡喜歡當小弟、小妹，很善於緩和氣氛。

## 外表 小巧圓潤，喜歡可愛的東西

這種類型的人體格多半小巧圓潤，臉蛋圓且娃娃臉。聲音高，說話甜美。挑選衣服時，重視顏色甚於樣式。偏好粉紅色等淡色系的顏色，絕不穿色彩黯淡的衣服。最喜歡在身上穿戴許多飾品。時尚方面，重視可愛更甚於TPO，所以常會在天冷時穿薄衫，爬山時穿高跟鞋而惹人惱怒。

3 個關鍵詞
● 變來變去
● 可愛
● 機靈
代表顏色……粉紅色

 **待人** 做事機靈，總惹人嫉妒

　　知道該怎麼做才會惹人疼愛，這是金絲雀的本能。就算本人無意如此，但自然而然就是會視當時的氣氛選擇對自己最有利的，所以時常招致同性的反感。另外，也因為重色輕友，而容易遭同性討厭。

## 配對

### GOOD 深思熟慮的長尾林鴞、惹人憐愛的金絲雀

　　經縝密計算後才提出答案的長尾林鴞與理解力強的金絲雀，在工作上是屬於互補型的最佳拍檔。因為類型完全不同，所以不會有競爭心態，也很少吵架。而戀愛方面，金絲雀適合搭配金絲雀。因為喜歡的事物與生活態度相似，相處時彼此不需要裝模作樣。但也因為彼此都很孩子氣，所以常會為了小事而吵架，但來得快去得也快。

### 注意！ 羅曼蒂克的孔雀、忍耐力強的企鵝

　　如果理想主義的孔雀和樂觀派的金絲雀一起共事，往往事情尚未妥善計畫好就開始執行，而事後也多半會出問題。另外，比起工作，兩者的玩心更重，導致於工作常常無所進展。另外，忍耐力強的企鵝在和金絲雀交往的期間，會慢慢無法忍受金絲雀的八面玲瓏，最終會忍不住大訓一頓。這樣的結果會導致金絲雀難受到喘不過氣，成天鬱鬱寡歡。

# 神祕莫測的 白鶴

沒有生活感，
渾身是謎

## 個性 沒有中心思想，負面思考

不明說自己想做的事，全權委託他人還比較輕鬆。因為沒有中心思想，所以很容易受到他人情感的影響，狠狠被說一頓就照單全收，待在心情沮喪的人身邊，不自覺也悲傷了起來。

基本上都以負面思考事情，常將事情往壞處想。即便到了快樂的場所，也老是擔心「會下雨」「會塞車」，盡是想些不好的。另外，對自我評價甚低，明明不是自己的錯，卻老是消極認為「都是我的緣故才會變成這樣」，所以「不好意思」「對不起」等道歉的話語常常掛在嘴上。

但另一方面，這個弱點卻是最佳武器，常常在不知不覺間就讓對方照著自己的意思行事。

## 外表 線條細，皮膚白，服裝重視清潔感

雖然消瘦，但並不會骨瘦如柴，整體給人皮膚白、線條細的印象。臉上總是掛著一抹憂鬱的笑容，說話輕聲細語，給人精靈、仙人般遠離塵事的感覺。俊男美女多也是這個類型的特徵。

打扮時尚，但不會選擇華麗和花樣複雜的服裝，男女的打扮都很簡單大方。最重視清潔感，挑選異性時，也會以穿著乾淨清爽的人為主。

**人際關係的壓力容易反應在身體上**

　　神祕的白鶴容易受到消極的感情影響，而且本身又沒有什麼自覺，所以常在不知不覺間就累積不少壓力，會突然某一天就倒下或累壞身體。

　　除此之外，當白鶴遇到棘手的人際關係時，在人前說話會結巴、表情會變僵硬，容易將心情反應在身體上。

## 配對

### GOOD 固執己見的烏鴉、照顧有加的東方白鸛

　　專注於自己的工作，不過問他人事的固執烏鴉，對善於觀察他人臉色的白鶴來說，是很好相處的對象。彼此不會互相干涉，可以輕鬆愉快共事。另外，開朗、不會感情用事、喜歡照顧他人的東方白鸛對白鶴來說，是感情不會受到擾亂的少數族群之一。當白鶴沮喪時，東方白鸛會最早察覺其感情的變化，會給予細心的關懷。

### 注意！ 英勇好戰的老鷹、俊秀聰敏的燕子

　　天真又不好爭奪的白鶴非常害怕嗓門大、講起話來像在吵架的好戰老鷹。特別是當老鷹是上司時，白鶴會更加瑟縮，連實力的一半都表現不出來。行動派的敏捷燕子一開始很欣賞謹慎的白鶴，但開始交往後就會因為感覺過度沉重而容易走上分手一途。白鶴跟不上燕子說變就變的速度，多半會被耍得團團轉。

# 俊秀聰敏的 燕子

做事合理迅速的行動派

## 個性 心動便立即行動。不做白費心力的事

俊秀聰敏的燕子最不喜歡成天窩在家裡。愛出門和許多人見面，接觸新的事物，從中尋找各種靈感，激發各種奇想。當覺得「就是這個！」時，就會立即行動。會將周圍的人拖下水，擁有帶領大家往前衝的領導力。另外，征服慾旺盛，目標越高鬥志越高。

另一方面，也不管當初多麼費心費力才弄到手的最新電子產品，往往把玩沒多久就因沒興趣而擱置一旁；自己起意的計畫一旦上軌道，就突然丟給別人去負責，非常容易厭倦同一件事。

另外也有殘酷的一面。有凡事都以損益來加以衡量的傾向，如果覺得對自己無益的話，縱使是再要好的朋友，也會切割得一乾二淨。

## 外表 運動員體型，喜歡名牌

中等身材或者個子有點小，偏瘦但是很結實。說話很快，笑聲很大，眼神充滿好奇心，但是一旦聊到自己不感興趣的話題，中途就會開始虛應了事。

服裝多以看得見身體曲線的簡單樣式為主。非常適合休閒風的穿著。多數的燕子都願意將錢花在手錶、鞋子和皮包上，也很喜歡名牌的東西。

3 個關鍵詞
● 合理主義
● 速度
● 身兼數職
代表顏色……藍色

 **人際關係廣而淺**

以擁有廣闊人脈而自豪，不論對方是誰，說沒幾句就可以立刻交換聯絡電話，但縱使交友廣泛，卻不喜歡糾纏不清式的往來，隨時保持理智的人際關係。常以損益來衡量對方，因為夠機靈，所以不太會被對方識破。對人不太執著，一旦吵架，往往就隨之而去不加以善後。

## 配對

### GOOD 俊秀聰敏的燕子、羅曼蒂克的孔雀

在營業、企劃等需要果斷力與行動力的工作上，同是聰明的燕子拍檔可以發揮出最堅強的實力。但是，一旦認為不可行時就會立即放棄，這一點要特別留意。在戀愛上尋求刺激的孔雀，與將戀愛當作遊戲的燕子在價值觀上是一致的。會下功夫研究戀愛場所、戀愛攻略，享受不同於一般日常生活的戀情。

### 注意！ 照顧有加的東方白鸛、忍耐力強的企鵝

具母性的溫柔，喜歡將所有人匯聚起來一起照顧的東方白鸛，以及喜歡將所有人匯集起來一起領導的燕子，有可能會為了領導權的爭奪與領導論不同而形成對立狀態。而一旦愛上了就會為對方鞠躬盡瘁的忍耐力強企鵝，對交際不夾雜感情的燕子來說是個很沉重的負擔，若彼此交往的話，就要有所覺悟。

# 羅曼蒂克的**孔雀**
夢想比任何人都壯大的理想家

## 個性 討厭單調人生的築夢家

浪漫的孔雀討厭平凡的人生。如果每天都過著千篇一律的生活，會猛不其然蹺課蹺班，突然很想出去旅行。會覺得這裡不是自己的容身之所而不停更換工作、更換住處或者改變外觀。

常會幻想自己是故事的主角，一有什麼困難事，就宛如世界要崩塌，醉心於幻想世界中的自己。

總是沈浸在夢想中，不夠實際，所以金錢、異性關係多半散漫、不檢點。但是，孔雀擁有獨特的夢想與浪漫，如果能再有藝術品味、時代潮流和運勢的加持，就會吸引眾人目光，發揮其無與倫比的魅力。

## 外表 尖下巴，駝背，服裝品味超群

浪漫孔雀的特徵就是尖下巴和駝背。雖然聲音不嘹亮，但說起來話來充滿熱情，音質也極具特色。是夜貓子，幾乎不在上午活動。

穿著極有品味，從便宜到昂貴，都可以將每個單品搭配得非常入流且具時尚感。喜歡舒適的穿著，也喜歡古著或民俗風的服裝。

3 個關鍵詞
●羅曼蒂克
●散漫
●主角
代表顏色……紅色

 **待人** **朋友都是跟自己同類型的人**

對人的喜惡分明，容易只和對奇特音樂、繪畫等有共通興趣的人交朋友。但是，在這樣的好友群中，依然認為自己是最特別的，「就連親朋好友也不瞭解我」，容易陶醉在自我世界中。另外，羞於讓別人看到自己具生活感的一面，所以極端厭惡父母親的干涉。

## 配對

### GOOD 俊秀聰敏的燕子、神祕莫測的白鶴

具行動力、合理思考的聰明燕子與異於常規的思考且具有藝術品味的孔雀是一組可互相截長補短的最佳搭檔。對於外貌協會且又衷情特立獨行戀愛遊戲的孔雀來說，帶有遠離塵世感的神祕白鶴是極具吸引力的。喜歡沈浸在兩人世界裡，享受有如戲劇般的甜蜜戀情。

### 注意！ 深思熟慮的長尾林鴞、照顧有加的東方白鸛

深思熟慮的長尾林鴞非常重視規則和秩序，對於時常無視法律存在的孔雀，總會忍不住多嘮叨幾句。就連遲到這種小事也會念個不停，讓孔雀不知不覺間連幹勁都消失得蕩然無存。而像慈母般喜歡照顧他人的東方白鸛對有怠惰性的孔雀來說，是個非常方便的存在。不過倘若因此趁勢耍無賴，會半途就遭嫌惡，成為一個什麼都不會的窩囊廢。

# 英勇好戰的**老鷹**
## 熱中挑戰的鬥士

**個性** **易怒、好戰、不屈不饒**

對好戰的老鷹而言，最重要的事就是一決勝負。只要有人比自己還要優秀，就會自動點燃對抗意識的火苗，極力想要證明自己才是最傑出的一個。會堂堂正正與對方決鬥，幾乎不使用排擠的方式或者欺負弱小。藉由決鬥來感受生命存在的意義，是屬於有對手就會自我成長的類型。

喜怒哀樂中，最極端強烈的是「怒」，受到不講理對待時，會立刻燃起憤怒之火，有時手腳會比嘴巴還要早行動。另外，口氣和表情都比較嚴肅，所以明明沒生氣，卻容易給人在氣頭上的錯覺。

超乎一般的頑強，要是不時時將精力耗盡的話，會感到渾身不對勁。利用加班、熬夜等方式將自己逼到盡頭，就連假日也不得閒，硬要去運動或外出走走，喜歡過度操勞自己的肉體。

**外表** **結實的身材，華麗的裝扮**

好戰老鷹的特徵是健壯的寬肩和豐滿有彈性的臀部。聲音大話又多。體型有點胖，但整體來說很結實。

服裝方面，以一句話來說就是「too much（過度）」。喜歡將不同花樣搭配在一起，身上會同時穿戴好幾條華麗的配件，喜歡有點過度的打扮。雖然對名牌不是那麼感興趣，但若真要買的話，會選擇可以清楚看見 logo 的商品。

3 個關鍵詞
●憤怒
●勝利
●喜華麗
代表顏色……綠色

##  以信賴感來廣結好友

　　老鷹重視人情面子。只要是幫助過自己的人或是自己尊敬的人，不管對方發生什麼事，一定會緊緊追隨。而對於那些愛慕自己的人，不管他們發生什麼事，也會一直保護到底。但以下這兩種人則是老鷹最感棘手的：一是太過機靈的人，一是來往時總與他人保持一定距離的人。和這兩種人在一起，就會不自覺感到焦躁不安。

## 配對

### GOOD 忍耐力強的企鵝、惹人憐愛的金絲雀

　　喜歡當無名英雄的企鵝是好戰老鷹的最佳幫手，是以深厚信賴關係結合的最強拍檔。但是，兩者的個性皆大而化之，不太適合纖細的工作。充滿男子氣概的老鷹會不自覺想要照顧愛撒嬌的金絲雀，但是在同性的狀況下，反而容易產生排斥現象；而異性的話，會覺得彼此很可愛，而成為一對協調性佳的情侶。

### 注意！ 俊秀聰敏的燕子、神祕莫測的白鶴

　　以努力和毅力為座右銘的老鷹，看到凡事得要領且又俐落的聰明燕子，內心會燃起一股無名火。對燕子充滿敵對心的結果只是更加苦了自己。另外，面對幾乎沒有自我主張的神祕白鶴，老鷹也會莫名感到煩躁。發怒的結果只會使白鶴更加瑟縮，陷入惡性循環中。

# 忍耐力強的企鵝
## 為他人而努力的無名英雄

**個性** 努力又倔強。對弱者產生共鳴

執著於勝負這一點和好戰的老鷹相同。但是老鷹是主動攻擊，相較於老鷹的「想贏」，企鵝的情況是因承受外來的壓力與他人的批判而努力要做到「不想輸」。

企鵝覺得在艱苦的環境中，誠誠懇懇努力去做，生命才會有意義，為了組織，犧牲自己也在所不惜。以配角之名勤奮努力的另外一面，是希望「能得到別人的認同」，然而當努力沒有獲得周遭人肯定時，內心就會開始囤積壓力。另外，不擅長表現自己，所以對那些待人處世極為圓滑的人心存嫉妒。

除此之外，對於那些依賴自己的人無法撒手不管，對於弱勢者會想要伸手拉他們一把。雖然企鵝喜歡沒事找事做，但大多都給人開朗且專注的印象。

**外表** 下半身結實，喜歡深色系

忍耐力強的企鵝其特徵是下半身結實，以及短短粗粗的脖子。多半像是柔道家或是格鬥選手般的體型。

在穿著打扮方面，多半偏好有重量感的服飾，西裝的話一定要穿整套；裙子的話則選擇質地較厚的；顏色方面則偏好葡萄酒紅或深綠等暗色系的。配件或皮包也大多選擇大又有份量感的。

## 待人 能互相信賴的同伴

　　忍耐力強的企鵝不論對象是誰都希望能與對方深交，如果對方也有同樣想法就好，但如果對方無意的話，就會給人「多管閒事」、「沉重」的感覺。另外，企鵝很有耐心聽別人說話，所以總是有許多人喜歡找企鵝商量，然而一回神，企鵝才發現自己只是別人發牢騷的對象，當自己想找人傾吐時，反而都沒有人願意聽。

### 配對

**GOOD** 俊秀聰敏的燕子、照顧有加的東方白鸛

　　領導型的聰明燕子和輔助型的企鵝在一起工作時是最佳合作拍檔。能適度保持距離，互相彌補彼此的不足。喜歡照顧人的東方白鸛非常認同企鵝的努力，是個不吝惜稱讚的重要朋友。彼此都將對方的幸福擺在第一位，因此彼此的戀愛關係可以長長久久。

**注意！** 惹人憐愛的金絲雀、羅曼蒂克的孔雀

　　善於表現自己且深受上司喜愛的金絲雀總讓幕後英雄的企鵝莫名感到很煩躁。稍不注意，功勞就會被無惡意的金絲雀搶走，只徒留滿腹懊悔。而稍微有點散漫的浪漫孔雀，會讓企鵝想進一步去照顧他，會唯命是從答應對方所有要求，所以要特別小心不要成為對方圖方便的對象。

# 固執己見的 **烏鴉**

## 興趣的範圍小而專精，熱愛孤獨的修行者

**個性** 集中一點！徹底鑽研的御宅族

固執己見的烏鴉對於喜歡的事物有出眾的集中力，而對此以外的事物則絲毫不關心。一旦迷上某種事物，不研究到底誓不甘休。舉例來說，當醉心於陶藝時，光上陶藝教室是不夠的，還會詳加研究陶藝的歷史，甚至來一趟產地之旅研究陶土的土質，不知不覺間就成了陶藝家。

不選擇輕鬆的道路，寧願選擇有困難度的路前進，這是因為只有集中精神在某項事物時才有活著的實感，不想讓充實的時光稍縱即逝。

另外，對世俗事物不太感興趣，平常淨思考些「應該怎麼做人」、「人是為了什麼而存在」等哲學問題，所以常被旁人視為怪胎。

**外表** 臉部五官往中央集中，服裝多為深色

多數固執己見的烏鴉五官都稍微往中間靠攏，一集中精神就會駝背、盤腿、身體蜷曲，說話或笑的時候都不太會將嘴張大。

服裝以黑色、灰色等暗色系為主。喜歡穿胸口有單一 logo 的 polo 衫，喜歡戴單一寶石的鑽戒，打扮方面偏好單一重點。另外，一旦看上眼，會老是穿同款式的衣服。

## 待人 看似爽朗，喜好孤獨

為了使最小限度的溝通良好，烏鴉給人的第一印象是善於打交道且爽朗。但烏鴉原本就喜歡獨來獨往，所以當他人要求進一步深入交往時，烏鴉就會立即拉開距離。不太喜歡受他人關照，是屬於自己的事情由自己處理的類型。也不喜歡受他人指使。

## 配對

### GOOD 俊秀聰敏的燕子、神祕莫測的白鶴

當烏鴉為求完美而過度拖延時，善於收尾的聰明燕子總有辦法加以勸阻。因為彼此待人都不夾雜感情，所以相處起來格外輕鬆。對於喜歡追根究底的烏鴉來說，神祕的白鶴是非常令人感興趣的對象。但是，當探究癖過度嚴重時，極有可能會從戀愛對象轉變成單純的人性觀察對象。

### 注意！ 惹人憐愛的金絲雀、忍耐力強的企鵝

對於金絲雀隨性的一句話，烏鴉很有可能會過度解讀。「這個人是不是掌握一些我不曉得的重要訊息」等，因此常會想太多而勞心勞神。企鵝是一旦喜歡上對方就想要知道對方的一切，而烏鴉是就連親密伙伴也不願吐露真心，兩者就猶如水與油，烏鴉覺得企鵝很沉重，企鵝則覺得烏鴉很冷漠。

# 照顧有加的 **東方白鸛**
## 對任何人都不會吝嗇給予關愛的博愛主義者

**個性** 喜歡照顧他人，是統合團隊的氣氛製造者

喜歡照顧他人這一點和忍耐力強的企鵝一樣，但是相較於企鵝會因拯救弱勢努力過頭而導致壓力累積，對人照顧有加的東方白鸛只是純粹藉由對周遭人灌注愛情來尋找自己存在的意義，增加自己的耀眼度。

不管年長或年少，東方白鸛會將周遭人都當作孩子，像個母親似的細心呵護。因此常使公司的社長或一家之主在東方白鸛面前抬不起頭。雖然東方白鸛受人尊敬，但因為沒有與自己對等的人，所以縱使有眾人簇擁，仍覺得孤單落寞。另外，當受顧於自己的人獨立了，不再需要自己幫助時，東方白鸛就會頓時失去存在的意義，變得無精打采。

**外表** 五官分明，偏好明亮色彩

體型上給人豐滿的感覺。五官分明，渾身充滿如菩薩般的慈祥雰圍。大多孩提時代看起來比同年齡的小孩還要成熟，但隨著歲數增長，反而看起來越來越年輕。

平常的穿著都很隨性，但像是結婚典禮等較為正式的場合，就會精心打扮以洋裝示人。通常會選擇可以凸顯富麗氣氛的橘色、黃色或金色等亮麗的顏色。

### 待人 情感交流靠的是「照顧」

喜歡照顧人的東方白鸛藉由關照他人來與人產生連結，所以不擅長與凡事都自己來或反過來想要照顧自己的人來往。另外，當自己細心呵護的對象要離開自己的羽翼下時，會有「我是那麼照顧你，你卻要離開我」的想法，當心靈受到這樣的傷害，往往會因此由愛轉恨。

## 配對

### GOOD 深思熟慮的長尾林鴞、神祕莫測的白鶴

東方白鸛也有意想不到漫不經心且粗枝大葉的一面，工作上謹慎且深思熟慮的長尾林鴞往往會在背後適時給予協助，是一組猶如嚴父慈母般極具協調性的好搭檔。而溫馴的神祕白鶴與穩重開朗的東方白鸛則是療癒系的最佳組合。不管東方白鸛再怎麼呵護關愛，白鶴都不會厭煩，會很坦率將自己交給對方，相處起來非常輕鬆自在。

### 注意！ 照顧有加的東方白鸛、固執己見的烏鴉

同是喜歡照顧他人的東方白鸛在同一個職場上的話，會疲於互相競爭誰比較有見解、誰比較受周遭人歡迎。所以，能保持適度的距離對雙方都好。如果假日喜歡一人悠閒在家的烏鴉和喜歡與眾人一起熱鬧出遊的東方白鸛成為情侶的話，只會落得大小紛爭不斷，烏鴉也會覺得東方白鸛的親切是多管閒事。

鳥的類型會有所改變嗎？

如何得知他人屬於哪一種鳥？

## 關於你是哪一種鳥？的 Q&A

### Q.屬於自己那種類型的鳥會產生變化嗎？

Ⓐ 10 種鳥類是個人原本擁有的「氣質」，所以通常不會在中途產生變化。但如果在工作忙碌時進行測驗，可能容易出現聰明燕子特質；在沮喪時進行測驗，容易出現神祕白鶴特質，依測驗時的狀況，偶爾會出現與原本不同的類型。

因此進行測驗時，盡量要在自己很沈澱的時候，而換工作或結婚等生活環境有較大變化時，可以再重新進行一次心理測驗。另外，進行檢測時也可以詢問瞭解自己的第三者，如此一來可以更準確地找出自己是屬於哪一種類型。

### Q. 查詢別人屬於哪一種鳥的方法？

Ⓐ 當知道自己是哪一種鳥後，我想大家應該也會很好奇朋友、情人、家人各是屬於哪一種吧。但其實想知道對方類型的話，最好的方法是請對方也做一次心理測驗，但如果沒有辦法的話，建議從外觀印象、口頭禪、行動模式等外表看得見的部分來判斷。剛開始會覺得很困難，但熟練後就慢慢可以猜出對方是屬於哪種類型。

若覺得一開始就分析真實人物有困難的話，可以先從漫畫等一些角色特性分明的人物開始分析，反覆練習後就會越來越純熟。但是，漫畫中的人物往往外表和內在不一致，所以將相貌和體型摒除在外來進行分析會比較妥當。

## Q. 基本篇和應用篇的不同之處？

Ⓐ　人類有一輩子幾乎不會改變的基本個性，也有依狀況不同而隨時會出現的第二種個性。第二種個性何時會出現以及出現時的強度又是如何，這些都因人而異，基本個性與第二種個性之間的關係也會在應用篇中做概括性的說明。

　　應用篇中也會具體提出戀愛時與工作時常見的性格特徵、容易出現的失誤以及處理方式。請大家一定要仔細閱讀，當作日常生活中的參考。

一起來深入瞭解你的心中鳥

# 你是哪一種鳥

# [應用篇]

本單元要將你心中所棲息的鳥再細分成 3 種。透過本單元可以清楚瞭解就連自己也不曾發覺到的隱藏性本質、戀愛傾向、適合的職業、容易失敗之處以及克服的方法。

# 診斷方法

打開屬於自己的那一頁，
以 YES 或 NO 來回答圖表中的問題。
循著箭號，最後所到之處就是自己的類型。
不要過度思考，
腦中浮現什麼答案就照實依序回答就好。

# 深思熟慮的 **長尾林鴞** 專用的診斷圖表

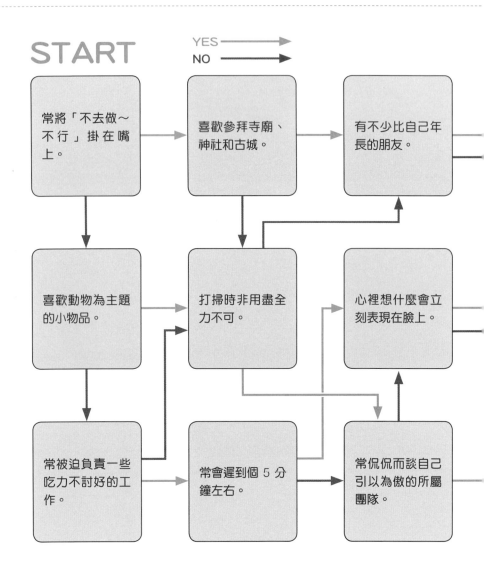

START

YES ——→
NO ——→

常將「不去做～不行」掛在嘴上。

喜歡參拜寺廟、神社和古城。

有不少比自己年長的朋友。

喜歡動物為主題的小物品。

打掃時非用盡全力不可。

心裡想什麼會立刻表現在臉上。

常被迫負責一些吃力不討好的工作。

常會遲到個5分鐘左右。

常侃侃而談自己引以為傲的所屬團隊。

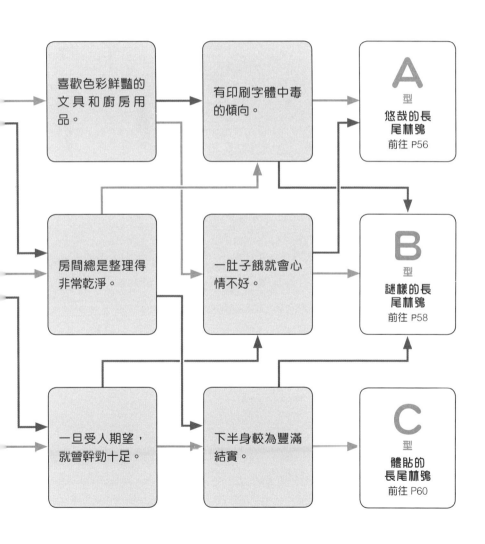

喜歡色彩鮮豔的文具和廚房用品。 → 有印刷字體中毒的傾向。 → **A** 型 悠哉的長尾林鴞 前往 P56

房間總是整理得非常乾淨。 一肚子餓就會心情不好。 **B** 型 謎樣的長尾林鴞 前往 P58

一旦受人期望，就會幹勁十足。 下半身較為豐滿結實。 **C** 型 體貼的長尾林鴞 前往 P60

# A 類型
## 悠哉的長尾林鴞
# 從思考到執行需要花費較長時間的熟慮型

 **戀愛** 靦腆、寡言、下決心需要花時間

不管是哪一種類型的長尾林鴞都不擅長直接表達自己的情感，更別提向他人表白或是在人前手牽手。與情人之間的 email 傳送也都很公式化，不帶感情，所以常讓對方感到不安。

尤其是悠哉型的長尾林鴞，每下一個決定都要花費很長的時間，因此常常錯過許多戀愛機會。就算有了喜歡的人，也會先在心中自我分析，訂立表白的計畫，當有所決定的時候，對方可能早已心灰意冷。另外，關於約會地點等瑣碎的事情，也因為過度考慮的關係，而常被誤解為優柔寡斷的人。

不過，話說回來，因為非常慎選對象的關係，反而甚少會有挑中窩囊廢的機率。雖然不會有華美的戀愛場景，但天生誠實的個性與克服種種難關的忍耐力，卻可以培育細水長流的愛苗。比起短期游擊戰，更適合長期拉鋸戰。或許不是最佳戀愛對象，卻是最適合的結婚人選。

 建 議

戀愛要成功的秘訣，就是要將腦子裡所想的照實表達出來。因為光想是無法將心意傳達給對方知道的。深思熟慮後的結果不要深埋在心裡，要表達出來讓對方瞭解。如此一來，彼此的心意能夠相通，之間的牽絆才會越來越緊密。

是長尾林鴞三種類型中最慎重、認真的一型。感情不表現於外，行動溫吞，所以常被周遭人誤解為行事從容不迫。但其實頭腦總是全速運轉，裝滿多到不行的知識。

## 工作 避開風險，慎重行事

悠哉的長尾林鴞對於速戰速決且需要迅速反應的工作並不拿手。需要正確性的工作才能使長尾林鴞充分發揮才能。像是管理金錢的銀行員、會計師、稅理師等工作。在公司中則適合擔任總務或會計的職位。

另外，將既有的點子加以策劃執行也是長尾林鴞的強項。因為責任感很強，一旦決定要做，不僅自己，也會讓周遭人徹底執行。適合的工作有事業策劃與進行管理。除此之外，基於規則與法律的代書、司法代書、社會保險勞務士、法官等職業也能讓長尾林鴞發揮實力。

反之，不適合的職業則有經商與服務業。要確實讀取對方心意、迅速給予回應的工作是悠哉的長尾林鴞最不拿手的。雖然可以防患未然以避免產生糾紛，但就是無法迅速處理已發生的糾紛。

 建 議

可以讓長尾林鴞工作順利的訣竅，是讓長尾林鴞有個可以專心於工作的環境。盡量和會打亂工作進度的同事保持距離，若不幸被對方打亂時，最好的方式就是暫時請對方「給予考慮的時間」，如此一來，就可以事先避免糾紛的發生。

# 看似不起眼，卻是行事作風大膽的個性派

 **戀愛** 一旦墜入愛河就不受控制

長尾林鴞是理智型的人，就算談戀愛也會繼續保持冷靜。謎樣的長尾林鴞平時和其他長尾林鴞一樣，可以很冷靜評估對方，但一旦遇上像是戀愛等突發狀況，就會突然失去理智，連自己也搞不懂自己。

而且一旦心中的愛苗燃燒起來，不管自己的行為多麼不合邏輯，會運用自己所學的知識將其正當化，並且巧妙隱藏不讓周圍的人發現。所以，隱藏到最後會發生「前天還正常上班，卻突然私奔了」、「明明看似沒交往，卻突然向對方求婚」這些不可理解的行為也不足為奇。

另外，謎樣的長尾林鴞有其獨特的存在感與韻味，非常有異性緣。然而對方是受到潛藏於知性與氣度中的危險魔力所吸引，所以對於毫不客氣就依偎過來的人要特別注意。

 建議

墜入愛河時會異常掩飾自己，常常無法一個人做出結論，會向可信賴的朋友表示「自己越來越不瞭解自己」並尋求建議。另外，比起在聯誼或相親中的一拍即合，從朋友或興趣圈中慢慢發展成戀人的方式還比較合適。

冷靜的長尾林鴞中也有一時興起的類型。平時的一舉一動都合情合理合乎理性，但突然有一天會放任感情行事憑情緒行事，作風大膽，讓周圍的人全都嚇得措手不及。

## 工作 平時冷靜，但會突然出現極端行為

　　謎樣的長尾林鴞平時都跟其他種類的長尾林鴞一樣，會基於過去的經驗和規則冷靜進行每一項工作。但一旦發生什麼糾紛、壓力累積到頂點，就會突然有令周遭人錯愕且百思不解的行為出現。舉例來說，工作明明慎重地依進度進行，卻突然出了大紕漏；每天上班從不缺席，卻突然音信全無，行為舉止行動變得異常極端。

　　因為這樣的個性，所以只要感情用事就會鑄成大失敗的金融工作或者電腦相關產業都不適合謎樣的長尾林鴞。反之，需要長年努力或者感性的靈光乍現才得以完成的工作就非常合適。

　　比如說需要腳踏實地做研究才能導出結果的研究員、氣象專家、鑑識人員、市場調查等等。另外，需要仔細剖析人格、理智下判斷的總務、人事工作也非常適合。需要明辨真偽的校正工作或者美術鑑定也都是謎樣長尾林鴞最拿手的領域。

建議

　　謎樣的長尾林鴞只要壓力上身就會使理智失去功效，因而容易犯下大錯。而且和其他長尾林鴞相比，因為抗壓性較低，所以當感覺有壓力時，就要盡早找出原因，將當下的心情以文字或語言表達出來，如此一來，就可以很順利地將心中的混沌加以消除。

## C 類型
### 體貼的長尾林鴞
# 看似冷酷，其實擁有一顆熾熱的心

 **戀愛** 愛在心裡口難開，永遠的好人一個

　　長尾林鴞對於愛情非常理智，當覺得不可能有結果時就會立刻放棄。但是體貼的長尾林鴞不一樣，一旦喜歡上對方，就不會輕言放棄。

　　因為不擅長表達感情，一直無法向對方表白，所以從朋友升格成情人之路也就格外漫長，受盡單相思之苦。另外，「自己或許無法為對方加分」、「對方似乎很忙，過些時候再表白吧」等等過度的多心與體貼常讓表白的機會從手中溜走。

　　除此之外，開始與對方交往後，縱使多麼深愛對方，也因為無法好好將心意傳達給對方，而容易被誤解為「沒有愛」、「冷漠的人」。倘若能讓對方瞭解自己其實是個笨口拙舌的人，就可以憑著自己的冷靜判斷力與克服種種難關的毅力，與對方談一場甜蜜美滿的戀愛。

 建議

　　如果對於用言語表達愛意有所排斥的話，可以使用送小禮物這一招。在適當的時間送對方最想要的東西，證明自己非常瞭解對方的心。另外，「增加約會次數」、「多寄一些無關緊要的甜蜜簡訊」等等表達心意的方式也非常有效。

理智的長尾林鴞中也有非常體貼的類型。不僅活用豐富的知識制式地去評斷事物，也會將人心計算在內，從各方面加以評估。在戀愛中也有笨手笨腳的一面。

## 工作 帶領大家走上康莊大道的可靠領導者

體貼的長尾林鴞擁有冷靜的判斷力與正義感，非常受到周遭人的信賴，是最適合站在人群頂端的人。但因為缺乏新穎的構想與英雄式的魅力，比起當充滿冒險心的企業大老闆，更適合當組織的決策者或者嚴守公司傳統的管理人員。

舉例來說，像是監督所有員工進行公司決策的統籌者、勸誡大家遵循既有法律與規定的警察或公務人員。另外，確認計畫是否正確、順利進行的計時員、導播助理、護理人員等協助性質的職務都是體貼的長尾林鴞擅長的領域。

除此之外，善於將自己既有的知識以簡單明瞭的方式講解給對方知道，所以在律師、教師、講師等領域也都可以一展長才。不僅傳授對方正確的知識，還會進行道德勸說，當對方有錯時，會加以勸導。

建　議

體貼的長尾林鴞善於嚴守既有的傳統，不善於接受新穎的事物。所以這時候應該活用既有的知識與判斷力，仔細研究變革所帶來的優缺點。另外，疲勞的時候容易感情用事，且缺乏冷靜的思考，所以最好適時小憩一下，以免誤事。

# 孜孜不倦的**鴿子** 專用的診斷圖表

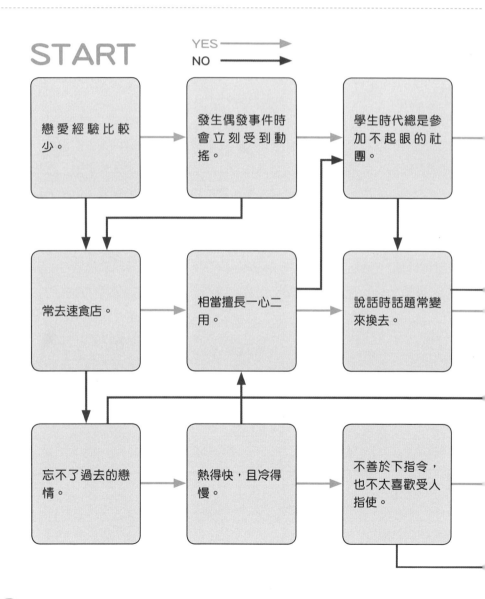

START

YES ━━━━▶
NO ━━━━▶

戀愛經驗比較少。

發生偶發事件時會立刻受到動搖。

學生時代總是參加不起眼的社團。

常去速食店。

相當擅長一心二用。

說話時話題常變來換去。

忘不了過去的戀情。

熱得快，且冷得慢。

不善於下指令，也不太喜歡受人指使。

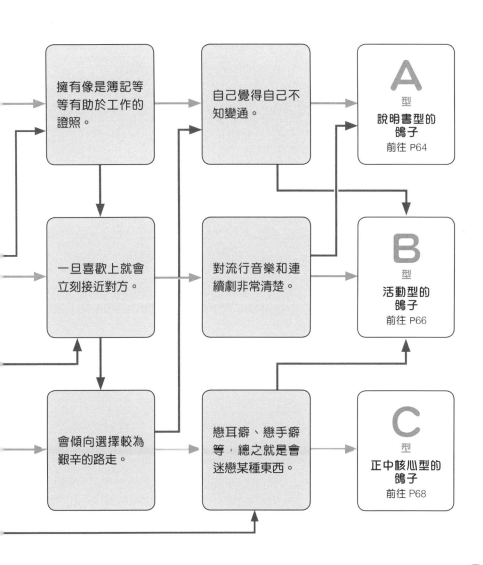

擁有像是簿記等等有助於工作的證照。 → 自己覺得自己不知變通。 →

## A
型
**說明書型的鴿子**
前往 P64

一旦喜歡上就會立刻接近對方。 → 對流行音樂和連續劇非常清楚。 →

## B
型
**活動型的鴿子**
前往 P66

會傾向選擇較為艱辛的路走。 → 戀耳癖、戀手癖等，總之就是會迷戀某種東西。 →

## C
型
**正中核心型的鴿子**
前往 P68

# A 類型
## 說明書型的鴿子
# 照程序・規定行事的正經老實人

 戀愛 **戀愛等於結婚，不擅長談憑感覺走的戀愛**

　　杞人憂天的鴿子，比起浪漫，更愛和平穩健的戀情。幾乎不會放任情感爆衝，第 3 次約會時接吻，交往 1 年後有結婚的念頭……談起戀愛就猶如照表操課。

　　因此有可能最初的戀愛手冊完全不適合自己，或是讓最初交往對象灌輸錯誤的戀愛觀，爾後老是重複同樣的失敗。

　　說明型的鴿子是外貌協會，所以年輕時總嚮往與自己完全相反的華麗派對象，但一旦到了適婚年齡，就會選擇認真且有穩定生活的人為結婚對象。交往時不會在人前打情罵俏，感覺比較像是朋友之間的往來。

　　另外，在婚後夫・妻會各盡其職，大多會成為好先生・好太太。

 建 議

　　愛操心的鴿子若不按部就班談戀愛，就會感到有壓力。因此雙方會有個像是「1 天一定要互傳一封 email」的小約定，照著約定做，戀情就會走得很順遂。相反的，如果對方是個無法遵守約定的人，那就最好保持一定的距離，不要太過接近。另外，比其自由戀愛，循相親方式一步一步來的戀愛方式會比較適合。

鴿子當中也有特別討厭冒險的類型。不論在戀愛還是工作中，沒有可以遵循的說明書就會感到不安。反之，最拿手的就是單一或保守的工作。

## 工作 單一作業・制式化作業是強項

　　說明書型的鴿子最擅長的就是單一作業，會盡忠職守完成自己被分派的工作。因此，最擅長的就是像需要精準的編排、編制作業的技術職以及撰打文件、資料等等的行政職。適合的工作有（博物館、科學館等）館員、圖書館館員、公務員等等。

　　另外，對於經年累月都做同一種工作也不引為苦，所以像是每年教授同樣課程的教師、補習班老師等等也非常適合。多數說明書型的鴿子雙手都很靈巧，所以在長年製作相同藝術品的傳統工藝領域也可以充分發揮長才。

　　工作態度就是認真兩個字。善於暗記，工作上只要聽過一次就可以立刻牢記在心，但對於思索新方法則不拿手。比起「隨你喜歡怎麼做」，更樂於接受作法制式化的指令。另外，對於不起眼的工作絲毫不感厭倦，所以常在不知不覺間深得周遭人的信賴。

建議

　　說明書型的鴿子工作態度認真，深受上司好評，所以不管適任與否，常常被委任店長或管理職等重要工作。當一旦必須擔負起領導者工作時，不要一個一個瑣碎地下指令，最好在事前確實訂定好計畫書，然後再隨時確認大家是否遵守就好。

## B 類型
活動型的鴿子
# 善於社交且合情合理，
# 但本質樸實且正經八百

 **對戀愛是理智又老古板**

活動型的鴿子常給人具有行動力且直爽的印象，所以較其他類型的鴿子有異性緣。有了交往對象後，雖然還是具有行動力，但活動範圍會變狹窄；雖然看似坦率，卻未必真心向對方敞開心胸，也就是鴿子的特質會跑出來，而當對方感到索然無味時，就會漸行漸遠。

「男人要保護女人，女人要在背後支持男人」心裡存有這種老古板的想法，所以當看到對方很散漫或行事不合乎常理時，愛情就會頓時冷卻。

另外，若對方半夜要求見面、撒嬌想要多相處一會，以物理性層面來講都是不可能的，會明講「不行」，所以容易給人冷酷無情的感覺。email、簡訊也只在有事時才會傳送，而且通常只寫重點。但如果是彼此約定好「睡前一定發一封 eamil」的話，那活動型鴿子就一定會謹守約定。

 建 議

活動型的鴿子在學校及工作場合總是給人善於社交的印象，所以喜歡他們的淨是一些感覺較為輕浮的人。如果想和與自己合得來，較為保守且誠實的對象交往，建議透過可以表現出自我的同好會來尋找另一半。另外，透過網路結交的好友，最好多花點時間深入瞭解後再發展成情侶。

溫吞質樸的鴿子中也有做事很有一套的類型。在人前善於社交且行事俐落，
讓人感覺不出有鴿子的特質。在戀愛中，隔閡會是一種累贅。

## 工作 可以很有一套地完成枯燥工作的超級幕後人員

大多數的鴿子做事謹慎緩慢，但活動型的鴿子卻比其他種類的鴿子做事
有一套，可以快速俐落解決手上的工作。對於大家嫌惡的單調工作也不會口
出怨言，會確實在期限內完成，是最強而有力的幕後人員。

適合的工作有編輯人員或動畫家等，在不起眼的作業中又需要有一定的
速度才可以完成的工作。非常善於暗記，所以像是醫療事務等需要管理顧
客·商品的工作也很適合。另外，不會感情用事，不會做的事就理智表明不
會，所以官員或區公所職員等工作也很適合。

不過，不管是什麼工作，一旦要當領導者的話，就容易半路退縮，所以
除了領導者以外，只要是能夠以自己的步調去完成的工作環境就非常適合。

雖然活動型的鴿子做事比其他鴿子快，但是對於有期限的工作，容易感到有壓力。建
議不要累積工作，要多預留一些時間和體力。另外，一旦有壓力就容易胃痛，所以當覺得
胃不適時，就要趕緊適度休息。

C 類型
正中核心型的鴿子

# 可以正中事情核心，
# 是背地裡的老大

 **戀愛** 年輕時對戀愛很淡泊，要特別注意言語上的衝突

正中核心的鴿子是所有鴿子中最居家的。約會的時候，與其外出，寧可選擇在家看 DVD 或玩電動，不會為了配合對方而改變自己的生活步調。因此也有人在年輕時交不到男女朋友。

平時很溫馴，容易相處，一旦吵架的話就另當別論。會一針見血說出對方最不想聽的，用言語給對方致命的傷害。所以一旦吵了架，事後多半難以修復。

個性認真，所以多數人在到了某些歲數後，才會突然對戀愛和性愛的快樂有所覺醒，之前毫無此徵兆的人會突然陷入劈腿、不倫戀之中；會渴求擬真戀情，沈迷於酒店或追求異性中，甚至會採取極端的行動。有了歲數後反而比年輕時還要受歡迎。

 建 議

想要戀愛久遠的秘訣，就是吵架時絕對不要在對方的傷口上灑鹽。平時要有自覺，自己所說的話很有可能會傷害到對方，萬一真的說出口，就要立刻向對方道歉「我太過激動，說了一些無心之話」，然後力圖修補兩人之間的關係。

溫吞質樸的鴿子中也有悟性極高的類型。憑藉與生俱來的直觀能力與觀察力就可以看出問題所在，並在絕佳時機提出指正。但指正過於苛刻的話，事後會造成影響。

## 工作 在背地支撐組織的隱形老大

看穿組織內的問題所在是正中核心型鴿子的拿手絕活。平常未必會將問題說出來，當周圍開始浮動、組織開始失控暴走時，正中核心型鴿子就會一針見血指出問題點，適時制止暴走的場面。

因為不喜歡出風頭引人注意，所以不會直接擔任領隊的工作，但是在緊急狀況下，就會跳出來帶領組織走向正確之路，發揮當隱形老大或意見顧問的才華。

適合的職業有糾正錯誤的檢察官或警察相關工作、嚴格揪出錯誤的校對者或佯裝顧客的調查員、安全・衛生管理人員等等。在公司裡多半是擔任輔助領導者，例如社長的副社長或精明能幹的秘書。

另外，正中核心型的鴿子也負責搭起人與人之間的橋樑，在一個有著各種個性的組織裡是非常不可或缺的角色。像是運動團隊中的經理、藝能公司的內勤人員或是電影、連續劇的副監製等，以輔助者的身分妥善統合整個團隊。

建 議

縱使正中核心型的鴿子發言過重，大家還是願意傾耳聆聽，是因為鴿子平時工作態度認真，深得大家信賴的關係。若自己的責任未盡卻又發言過於苛刻的話，會容易遭到那些對組織有所不滿的人誤解，這一點要特別注意。另外，當有建議時，最好不要聚眾，務必單獨一人提出見解就好。

# 惹人憐愛的**金絲雀** 專用的診斷圖表

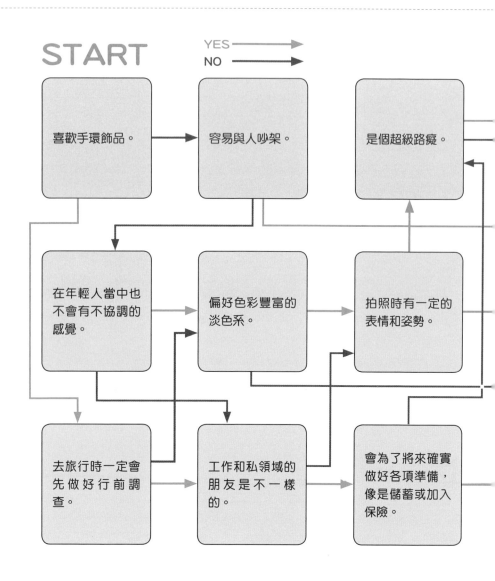

START

YES ────▶
NO ────▶

喜歡手環飾品。

容易與人吵架。

是個超級路癡。

在年輕人當中也不會有不協調的感覺。

偏好色彩豐富的淡色系。

拍照時有一定的表情和姿勢。

去旅行時一定會先做好行前調查。

工作和私領域的朋友是不一樣的。

會為了將來確實做好各項準備，像是儲蓄或加入保險。

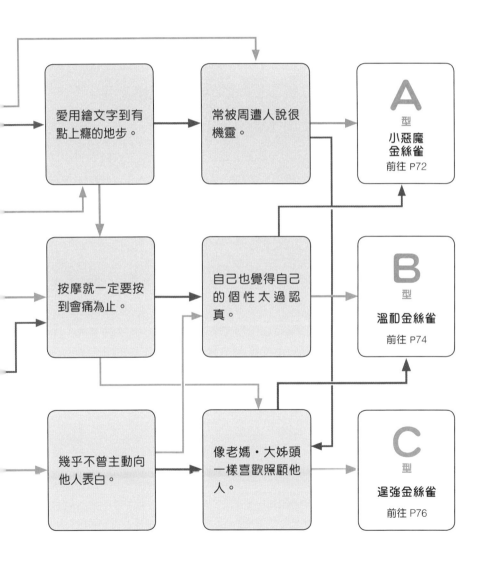

愛用繪文字到有點上癮的地步。

常被周遭人說很機靈。

**A** 型
小惡魔金絲雀
前往 P72

按摩就一定要按到會痛為止。

自己也覺得自己的個性太過認真。

**B** 型
溫和金絲雀
前往 P74

幾乎不曾主動向他人表白。

像老媽・大姊頭一樣喜歡照顧他人。

**C** 型
逞強金絲雀
前往 P76

## A 類型
### 小惡魔金絲雀
# 淨挑對自己有利的古靈精怪

 **戀愛** 擁有少根筋與攻於算計兩面性格的獵豔高手

若是女性的話，是屬於到手的獵物絕不輕言放手的類型。金絲雀原本就善於賣弄風情，特別是小惡魔金絲雀，當心裡認定「就是這個人了！」，就會不顧他人目光積極進攻。另外，挑選的對象並非只是多金就好，還要願意將錢花在自己身上，看人的眼光相當精準。

但是，相對於擅長算計，突然在什麼障礙物都沒有的地方跌倒、突然說出奇怪的話等等，小惡魔金絲雀也有少根筋的一面，這種反差一下子就擄獲男人的心。除此之外，煽動與撒嬌是拿手本領，會讓男性「我一定要保護她」的心情油然而生。

若是男性的話，就沒有女性來得機靈，但就算認為對方是高不可攀的人，依舊會無所懼的積極接近對方，對方也會在不知不覺間被金絲雀的人品吸引，最後步上紅毯，循這種模式結婚的也不在少數。

 建議

小惡魔金絲雀就是所謂的戀愛體質。一旦進入戀愛模式就什麼都看不見，什麼都沒想就和職場的同事接連談戀愛，事後才覺得尷尬難為情；和朋友喜歡上同一個人，因而吵架鬧翻，這樣的情況也不少，需要特別留意。戀愛的時候更應該要冷靜的眼觀四方。

金絲雀中也有很會察言觀色的類型。擅長深入他人內心，讓對方留下深刻印象。屬於戀愛體質，到手的獵物絕不輕言讓他逃走。

---

## 工作 讓眾人展露笑容的氣氛製造者

　　適合小惡魔金絲雀的工作場合是異性較多的地方。以女性來說，當職場中有人因爭執而充滿殺氣時，小惡魔金絲雀就會立刻端出茶點來緩和氣氛，稱讚周遭人的優點，幫忙打氣，負責製造氣氛。若是男性的話，因為原本就有女性較為纖細的一面，所以即使在女性較多的職場上也可以勝任愉快。

　　在職業種類方面，因為善於交際，所以十分適合接待客人的工作或者服務業。像是服飾業、餐飲業、花店、一般店員等需要與顧客交談，且必須以笑容面對顧客的工作。另外，因為善於讚揚他人，所以對於能帶給顧客自信的美容師、化妝品販售員、公關小姐等工作也都能得心應手。

　　另外，若是女性的話，因為多半聲音甜美，在櫃臺小姐、女播報員、電話接線生等領域也都能發揮所長。不過，不太適合以電話處理顧客投訴的工作。

建議

　　小惡魔金絲雀做事很有一套，也很受上司喜愛。因為工作無懈可擊且又看似輕鬆愉快，所以常被人誤解成不夠努力。若不和公司裡的前輩打好關係，很有可能會惹人嫌。平時就要多注重對前輩的禮儀，送點小禮物，確實做好打基礎的工夫。

# B 類型
## 溫和金絲雀
# 開朗，但不輕浮，療癒系的金絲雀

**戀愛** **想要隱藏心意，卻已原形畢露**

通常金絲雀多為女性，但溫和的金絲雀則是男性居多。沒有威武雄壯的感覺，多半給人可以療癒心靈的草食系男孩的氛圍。

這種類型的人一旦談起戀愛，就會有想在對方面前擺酷的傾向。喜歡的人從面前經過，整個背脊就會打得筆直，情緒容易顯現在態度上，所以旁人看來，就像是小孩在硬裝大人，難免會覺得這樣的行為有點滑稽。

另外，遇到喜歡的事物，金絲雀多半都會不經思考立刻說出來，但是溫和的金絲雀會對自己所說的話負起全責，所以容易給人沉重的感覺。

溫和金絲雀有時性情不定且難以取悅，一旦惹對方生氣後就會變得很沮喪，或是露出哀傷的表情，但也多虧這樣對方會因為憐憫而不知不覺間就不忍加以苛責。

建 議

溫和金絲雀的特徵就是縱使想隱藏心意，卻無奈表情背叛了自己，年長者或許會覺得很可愛，但看在同輩或晚輩眼中，會覺得「不坦率」「倔強」。在關鍵時刻最好要有「反正都會被揭穿，隱瞞也沒有用」的決心，將心裡的感受完完全全傳達給對方知道。

引人注目的金絲雀中也有沉著穩重型的。雖然想要成熟、理智一點，但往往心裡想的全呈現在表情上，不知不覺周遭人就已伸出援助之手。

## 工作 善於統合眾人的氣氛製造者

　　金絲雀原本不善於做些單調枯燥的工作，但是溫和金絲雀不一樣，縱使工作單調也可以勝任愉快，負責在職場製造氣氛，有助於提昇工作效率。在事務和編輯方面也可以發揮才能，若是從事時尚雜誌的編輯或化妝品管理等自己很有興趣的工作，則會更有幹勁。

　　開始有點年紀後才漸漸受到好評，屬於大器晚成型。年輕時候總給人性情不定，不太可靠的印象，約 20 歲後半才會開始慢慢穩定，轉而成為值得信賴的人。

　　出乎意料的適合執行幹事之類的工作，身為領隊，卻懂得將決定權交給部下，自己在一旁守護。不會出言干涉，不會要大家落於形式，對部下來說，算是個容易共事的好上司。

建 議

　　溫和金絲雀非常不可思議的一點，就是莫名其妙地會讓周圍的人主動伸手幫忙。若無視自己的這個特性，硬要去做超過自己能力的事，反而會惹得眾人嫌惡。身為領隊時，偶爾買點食物和飲料加以慰勞，不懂的地方就坦率詢問部下，態度謙虛是處事時的重點所在。

# C 類型 逞強金絲雀
## 容易和人吵架的大姊頭，但其實是愛撒嬌的小孩子

### 戀愛 無法坦率向他人撒嬌，外冷內熱型

　　逞強金絲雀外表給人娃娃臉，很可愛的感覺。但其實是個比任何人都還懂得體諒的人，若被親近的人瞧不起會失控抓狂。但正因為是情緒轉換很快的金絲雀，只要發洩完，心情就會立即回復，又恢復原本的天真無邪。

　　以女性來說，在服裝方面不僅僅只是可愛，裝扮會偏向華麗，指甲美容、上捲子、亮晶晶的飾品等等，有時候會有打扮過度的傾向。

　　其實逞強金絲雀是個比任何人都愛撒嬌且又怕寂寞的人，但因為給人強勢的感覺，所以無法坦率向他人撒嬌，往往也因此錯失戀愛的機會。對逞強金絲雀來說，能將自己當公主對待的就是最佳王子人選。所以常有周遭人對雀屏中選的對象發出「為什麼是這個人？」的懷疑聲。

### 建議

　　因為逞強金絲雀平時都過於逞強，所以當有人這麼對自己說時「不用那麼逞強」、「你可以向我撒嬌」，就會立即舉雙手投降，若再加上拍拍頭或摟摟肩等動作，就會完全臣服於對方。而且一旦陷入熱戀就會喪失判斷力，所以周遭人有必要替他把關，分清楚究竟是老實人還是遊戲人間的人。

悠哉悠哉的金絲雀中也有性情剛強的類型。喜歡可愛的事物，愛撒嬌，動不動就吵架，愛當好人。一旦和戀愛沾上邊，就成了外冷內熱的人。

---

## 工作 像大姊頭般愛照顧人，卻不適合當帶頭的隊長

　　性情剛強卻還是很可愛的逞強金絲雀，適合的工作是經商。像是在住家附近的市場推銷當天限定的生鮮食品之類的。因為善於交際，所以很適合現場實物買賣的工作。另外，因為膽識過人且引人關注，所以也很適合演藝相關工作。特別是以現場活動為主的歌手或歌舞劇演員，站在舞台上的工作更可以讓逞強金絲雀發揮實力。

　　雖然乍看之下很有大姊頭風範，適合當領導者，但其實一當上領導者就容易搶鋒頭，無法整合在底下工作的人。但是話說回來，逞強金絲雀也不喜歡當部下受人管理，所以最好在上下關係不嚴格的環境中工作比較好。

　　面對年長者也絲毫無所懼，會坦率表達自己的意見，如果能有不介意這一點且能欣然接受的上司，就可以發揮實力，成就大事業。

建議

　　逞強金絲雀不論對方是上司還是部下，都會毫不客氣地將心中的話說出來。若遇到沒有自信的上司，可能會讓對方覺得「這小子根本沒把我當上司看」，在自尊心受傷害且不甘願屈服之下，反而會更加逼迫逞強金絲雀聽命於自己。這時，無需逢迎諂媚，只需偶爾讓個步，對他溫柔一點就好。

# 神祕莫測的 白鶴 專用的診斷圖表

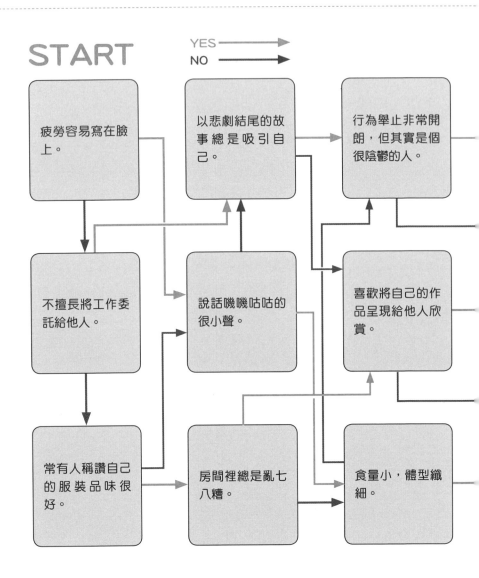

START

YES ──────▶
NO ──────▶

疲勞容易寫在臉上。

以悲劇結尾的故事總是吸引自己。

行為舉止非常開朗，但其實是個很陰鬱的人。

不擅長將工作委託給他人。

說話嘰嘰咕咕的很小聲。

喜歡將自己的作品呈現給他人欣賞。

常有人稱讚自己的服裝品味很好。

房間裡總是亂七八糟。

食量小，體型纖細。

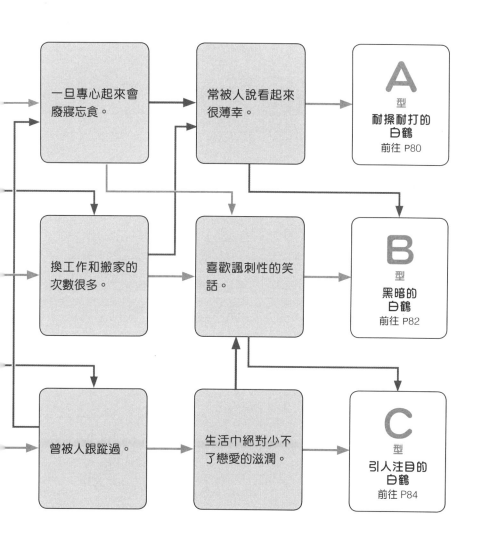

一旦專心起來會
廢寢忘食。

常被人說看起來
很薄幸。

**A**
型
耐操耐打的
白鶴
前往 P80

換工作和搬家的
次數很多。

喜歡諷刺性的笑
話。

**B**
型
黑暗的
白鶴
前往 P82

曾被人跟蹤過。

生活中絕對少不
了戀愛的滋潤。

**C**
型
引人注目的
白鶴
前往 P84

# A 類型
## 耐操耐打的白鶴
# 看似纖弱，其實是耐操耐打的執著派

 **戀愛** 從不由自己主動去控制對方

寡言且渾身充滿神祕氣息的白鶴，常在不知不覺間吸引異性主動靠近。但因為不善於拒絕，所以常在對方強烈攻勢下就迫於無奈與對方交往。

因為不會明說討厭的個性，所以常有以下的情況發生：遭對方放任不管、兩人之間出現第三者、遭對方不合理的對待等等。但縱使如此卻也不太會想要逃離這樣的窘境，在終日以淚洗面、經年累月的忍耐再忍耐下，對方反而會在不知不覺間又再次回到白鶴身邊。

另外，白鶴自己並沒有意識到，但其實總在無意間會讓對方有「他不能沒有我」的想法，在戀愛中，纖纖弱質是白鶴勝利的武器。

遲遲無法忘懷曾經喜歡過的人，所以心裡總是想著初戀情人，也不容易從不倫之戀跳脫出來。

 建議

耐操耐打的白鶴比起追求他人，更擅長被他人追求。因為沒有自信，常會再三追問對方「喜歡我嗎？」、「你覺得我怎麼樣？」，導致最後彼此的距離越來越遠。所以，這一類型的人在尋找另外一半時，最好是找喜歡自己的，且願意以態度來加以示好的。

變幻無常的白鶴中也有骨子裡很堅強的類型。不管失敗幾次都會努力爬起來，回神時才發現他一直都在不曾離去。適合拉鋸戰更甚於游擊戰。

## 工作 個性堅強，絕不逃避問題

耐操耐打的白鶴，乍看之下是屬於那種遇到困難就會馬上意志消沈，感覺很靠不住的類型，但其實是個不管遇到多辛苦的事，都不太會有「辭職吧」、「落跑吧」等念頭的人，長年工作下來，會讓周遭人感覺「沒想到這麼有骨氣」而深得大家的信賴。但縱使如此，耐操耐打的白鶴依然不適合當領導者，反而在具有穩健性格的領導者底下工作，才可以靜靜地將任務完成。

適合的職種有庶務和秘書。另外，給人爽朗的印象，所以也很適合從事窗口業務的工作。適合的業種有托兒所保母、看護、殯葬相關工作，當別人難過時，會靜靜在一旁陪伴。因為頗具審美觀念，在花店、插畫、手工藝相關工作上大放異彩的人也不少。

個性純樸，所以不善於人與人之間的交際，但因為雙手靈巧，所以不管什麼工作都可以有某種程度的完美。不過，不適合需要大量體力的，最好不要選擇必須常常熬夜加班的工作。

建議

耐操耐打的白鶴不喜歡挨罵，所以就算有不懂的地方，也不願意詢問上司或資深前輩，就懵懵懂懂中繼續手上的作業。但是，擅自作主的情況下很有可能會導致日後的大失敗，造成無法挽回的局面。所以為了避免這樣的情況發生，最好還是拿出勇氣確實做好報告・聯絡・商量的基本功。

# B 類型
## 黑暗的白鶴
# 偏好晦暗不祥之物的前衛派

 **戀愛** 要求對方要有一致的美感

白鶴屬於外表清爽的療癒系人物。但多數黑暗白鶴則淨喜歡一些與心靈、神怪有關的恐怖事物。服飾方面也比較偏向復古或民族風的衣服，打扮頗具個性。

光就嗜好來看，會覺得黑暗白鶴是很沉悶的人，但令人意外的，偶爾也會有開朗、情緒高漲，像孩子般天真喧嚷的一面。但其實在內心深處，不為人知的秘密世界早已無聲無息蔓延。

戀愛方面，雖然不是萬人迷，但因為有個性且具有神祕感，所以特別吸引部分知識階層及次文化階層的異性。擁有屬於自己的世界觀，所以能和自己一拍即合的就只有與自己擁有相同興趣及審美觀的人。另外，貧富、容貌都是次要條件，所以，不少黑暗白鶴所挑中的對象常會令周遭人跌破眼鏡「為什麼會挑中那樣的人？」。

 建 議

黑暗白鶴最不擅長應付那些會對自己的嗜好潑冷水的人。也不喜歡勉強自己去配合對方的喜好。若已經有交往中的對象，而興趣完全不合時，最好不要勉強非得共享不可，保持一定的距離才是上上策。反之，若對方擁有與自己相同的興趣，則彼此間的羈絆就會更加緊密。

清爽的白鶴中也有渾身陰沉沉的類型。對興趣與美的意識異常執著，在戀愛與工作中也有絕不讓步的領域。很有個性，僅受部分特定人士歡迎。

## 工作 興趣與工作之間要保持距離

　　黑暗白鶴的審美意識非常強烈，若將部分興趣帶入工作中的話，該讓步的地方也會變得不通情理，會對工作造成妨礙。為了避免這種事發生，要將工作和興趣完全切割開來，「工作時是戴著面具的自己，埋首興趣時才是真正的自己」，能有此區隔才是明智之舉。

　　如果無法切割開來，就要有承擔風險的覺悟，找出可以讓興趣與工作一致的方法。黑暗白鶴有敏銳的審美觀，雙手也很靈巧，所以很適合從事製作或與藝術相關的工作。有不少人在繪畫與音樂領域大展身手。

　　因為沒有管理與自我推銷的能力，若要將興趣當作工作的話，就需要一個精明能幹的輔助者。縱使對方是個與自己完全不同類型的人，只要對自己的作品有正面評價，且能幫助自己出人頭地，就不要心生厭煩，要好好聽對方的安排行事。

建議

　　黑暗的白鶴，不管是本人還是作品都並非萬人迷，所以當沒有能瞭解自己的人出現，就會倍感孤寂。這時可以透過網路尋找與自己契合的朋友，擴大生活範圍也是方法之一。提高行動力會比較有機會邂逅對自己有好評價的人。

## C 類型
### 引人注目的白鶴
# 即便再低調保守，仍會吸引他人目光的魅力派

 **戀愛** **擁有吸引異性的奇特魅力**

　　引人注目的白鶴縱使再怎麼低調保守，仍舊非常惹人注意。在戀愛方面，這個情況更是顯著，就連不曾交談過的人也會展開猛烈追求。不過，引人注目的白鶴對那些與自己價值觀不同的人絲毫不感興趣，所以對於那些多數不特定人士的搭訕，只是倍感麻煩而已。

　　另一方面，這種類型的人因為過於顯眼，所以周遭人常會給予過大的評價，也因為這樣的關係，常會有「跟他交談過後，出乎意料的平凡」這樣的聲音出現。

　　另外，看似溫柔好交往，其實相當執著。對方偷腥，或許好一陣子都悶不吭聲，但 5 年、10 年後可能會突然舊事重提；痛快分手後，卻又猛寄 email 希望復合等等，會做出一些讓對方覺得困擾的事。因此，在愛情路上雖然受歡迎，卻不見得會有甜美的回憶。

 **建議**

　　具有包容力且較為年長的異性比較適合引人注目的白鶴。看似深沉有內涵，卻意外的膚淺，所以對方必須是可以讓白鶴心靈有所成長的才行。另外，還要讓白鶴可以傾吐心中累積的憤恨與不滿。如果白鶴可以和這種人交往，就不需要老是虛張聲勢，可以很坦率地向對方撒嬌。

溫馴的白鶴中也有較為突出的類型。擁有魅惑周遭人的獨特魅力，特別牽動異性的心。但交談過後，卻出乎意料的平凡。

---

## 工作 發現才能，一躍上舞台

引人注目的白鶴中，有不少人都對藝術類的事物感興趣，而以此為工作的也不在少數。但相較於小說和繪畫，舞台上的演員或歌手等需要展現自己的會比較適合。並非自己率先出風頭的類型，而是受到周遭人的才能或獨特氣氛影響，不知不覺間已經一躍上舞台。

另外，白鶴類型的人容易受到他人負面情緒的影響，不管是什麼職種，最好選擇人際關係不複雜且競爭不激烈，能夠平穩度日的工作。

若在工作上遇到失敗挫折，難過的心情往往會拖很久，所以必須學會如何轉換心情。除此之外，白鶴的世界有日趨縮小的傾向，所以不僅自己專精的領域，最好還要培養廣泛的興趣，並且加以擴展。

建議

為了不讓工作中累積的壓力積太久，要隨著季節確實做好更換冬夏衣以及變換室內擺飾。將春・夏・秋・冬以及自己的生活做個明顯的切割，藉以適時轉換心情。另外，回家後也要培養一、兩個興趣，這也有助於心情上的轉換。

# 俊秀聰敏的 燕子 專用的診斷圖表

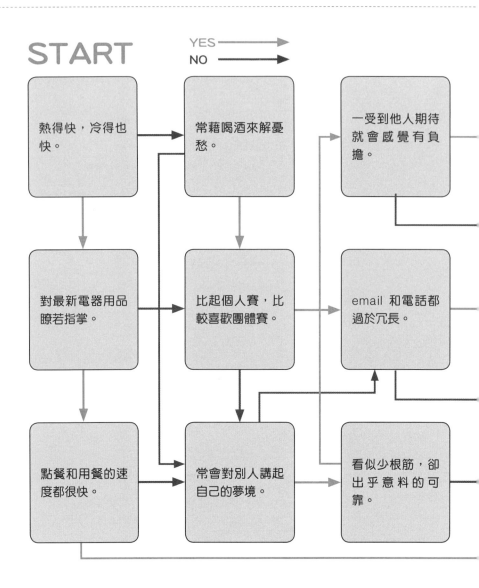

START

YES ——→
NO ——→

熱得快，冷得也快。

常藉喝酒來解憂愁。

一受到他人期待就會感覺有負擔。

對最新電器用品瞭若指掌。

比起個人賽，比較喜歡團體賽。

email 和電話都過於冗長。

點餐和用餐的速度都很快。

常會對別人講起自己的夢境。

看似少根筋，卻出乎意料的可靠。

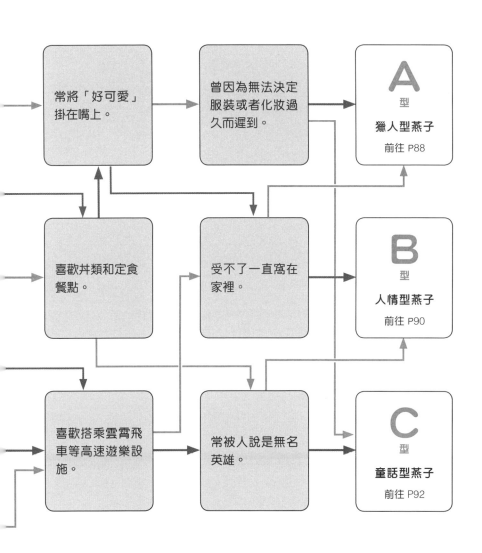

常將「好可愛」掛在嘴上。

曾因為無法決定服裝或者化妝過久而遲到。

**A** 型
獵人型燕子
前往 P88

喜歡丼類和定食餐點。

受不了一直窩在家裡。

**B** 型
人情型燕子
前往 P90

喜歡搭乘雲霄飛車等高速遊樂設施。

常被人說是無名英雄。

**C** 型
童話型燕子
前往 P92

**A** 類型
獵人型燕子

# 盯上的獵物絕不輕言放手的獵人

 **戀愛** 戀愛是要追到手才算定勝負

獵人型的燕子支配慾和征服慾都很強,鎖定目標後就勢必追到手。相對於金絲雀拿動物般的可愛模樣當武器,燕子打的是智力戰。飛快查出對方喜歡的事物,在絕佳時機反覆使出送禮和 email 攻勢。

但是,一旦發現落花有情,流水無意時,就會迅速抽身早早放棄。反之,如果對方太容易攻陷又會因此感到不滿足,釣到的大魚就這樣被扔在一邊。

挑選對象時,比起適不適合自己的這個條件,更重視的是可不可以帶出去向人炫耀。喜歡將男(女)朋友帶到宴會上,在眾人面前展示。

另外,最不擅長應付沉重的氣氛,所以當有人吵架或聊到將來前途的話題時,就會想盡辦法找個適當的理由從現場開溜。除此之外,離開的時候通常不會打聲招呼,多半採取自然消失法。

 建 議

獵人型燕子不喜歡對方黏得緊緊的。為了避免這樣的情況,最好找那種會熱中於戀愛之外,像是工作或興趣的對象。另外,鬥嘴時常會對哭泣、叫嚷的另一半露出輕蔑的眼神,這就猶如火上加油,所以要特別注意不要露出類似這樣的表情。

燕子中也有支配慾・征服慾特強的類型。將獵物弄到手，人生才有意義，但一旦到手卻又容易感到索然無味。眼見為憑的成果才是成功的最佳證明。

## 工作 速戰速決！結果是一切的成果主義者

　　獵人型燕子覺得能將結果數字化的工作才有意義。所以很適合外匯交易員、理財顧問等需要經手大筆資金的工作，或者是不動產仲介、汽車業務員、保險業務員等營業・販售的工作。另外，重視實力和結果更甚於年齡和經驗的外資公司也是不錯的選擇。

　　獵人型燕子屬於心動就會馬上行動的類型，所以比起凡事都需要向上級報告的保守型公司，更適合待在有某種程度的自主判斷權，較具有冒險心的企業。

　　當想不出什麼好點子時，不要待坐在辦公桌前，最好出去多聽多看，多和別人講講話，這樣比較有可能想出新點子。另外，在大型發表會或商談會上容易靈光乍現提出驚人意見，現場反應力也很好，所以在需要現場即興力與果斷力的主播、災難記者、裁判員等領域也都可以大放異彩。

 建　議

　　獵人型燕子可以在短時間內做出合理且正確的判斷。但一旦和私慾私利扯上邊，判斷力就會突捶，開始找些對自己有利的解釋和藉口。這種類型的人成功秘訣在於「這個商品問世的話，社會會變得更便利」，要以社會整體利益為考量。如此一來，自然就會有豐碩的成果隨之而來。

# B 類型
## 人情型燕子
## 看似冷冰冰，其實有顆非常溫暖的心

**戀愛** 渴望溫暖的家，任勞任怨

個性爽朗，深得周遭人信賴的人情型燕子，容易給人只願享受甜美愛情，不願給予承諾的印象。但是對於喜歡的人，會將滿腔的愛意全投注在對方身上，連帶的常會有無法控制情感的狀況發生。

嚮往溫暖和諧的家，如果是男性，一旦有了喜歡的人，就馬上意識到結婚；如果是女性的話，就會想為對方生孩子。然而不論是工作還是家事，樣樣都處理得無懈可擊，常會讓對方有「就算沒有我，他也可以一個人活下去」的想法，結婚之路也就跟著越來越遙遠。

特別是女性，縱使比任何人都還害怕寂寞，也會極力假裝是個體貼的成熟大人，因此容易和已婚者有不倫關係，拖拖拉拉戒不掉也斬不斷。另外，當對方有困難時，無法置之不理的個性，常使人情型的燕子會有免費供養他人的情況發生，雖然不置於讓人想歪，但這種行為常叫周遭人感到無力。

想讓對方和自己步入禮堂的話，就要清楚明白地讓對方知道他們在自己的人生中是佔了多麼重要的地位。要告訴對方「自己其實很怕孤獨，無法一個人活下去」。另外，在個性上較為老成，所以建議最好找大自己 10 歲以上的對象，而且要成熟穩重。不過要特別小心不倫之戀。

冷酷理智的燕子中也有重人情的類型。工作上如果能理智與人情兼具，將有助於工作的進展。戀愛上則有可能適得其反。看似冷漠，其實怕寂寞。

## 工作 部下崇拜的體貼上司

　　腦筋轉得快且具有行動力這一點和獵人型的燕子一樣。但是人情型的燕子因為感情濃厚，所以給人很溫暖的感覺。容易和人群打成一片，乍看之下會覺得沒有什麼深度，但交往久了，會覺得人情型燕子心胸寬大且懂得照顧人。

　　另外，由於感覺敏銳，除了極具行動力，當發生問題時，也非常有耐心與毅力去面對與處理，所以很適合當個願意冒險的企業老闆。

　　善於掌握人心，所以像是經營顧問、結婚顧問、人才派遣、婚禮顧問、美容顧問等可以直接與他人對話以及給予建議的工作都很適合。

　　原本的個性就屬於願意為他人付出，或為他人做點什麼的類型，所以當漸漸有了年紀後，這樣的傾向會更加強烈，有不少人會為了保護環境而捐出部分所得，或者為社會貢獻一己之力。

 建議

　　人情型燕子，不管再怎麼算計，最後還是會屈服於一個「情」字。但因為做事得要領且待人溫柔體貼，常會遭人誤解為「動之以情將人拖下水」、「做事八面玲瓏，不值得信賴」。所以，要時時自我警惕，不要讓人有表裡不一，沈府深的感覺。

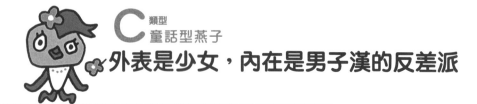

# C 類型
## 童話型燕子
# 外表是少女，內在是男子漢的反差派

 **戀愛** 不開口的話非常可愛

　　童話型燕子外表非常可愛，但內心完全相反，是大而化之的男子漢，講起話來也十分辛辣。笑瞇瞇愉快地看著電視，會突然冒出一句「我討厭這個人」，然後開始毒舌攻擊；從精緻可愛的包包中，突然拿出格鬥漫畫，外表與內涵的反差相當大。

　　另外，十分強調自我，會將一整天發生過的事從一到十報告得鉅細靡遺。個性十分樂觀，即使有不愉快的事也會馬上忘記，算是非常好相處的人。

　　但是在戀愛方面，外表與內在的大反差卻成了巨大的絆腳石。特別是女性，有不少男性是受到可愛與少根筋的吸引而靠近，所以大反差常令對方大失所望。如果對方願意完全包容的話，天生的開朗與堅強會克服種種難關，與對方共組幸福的家庭。

 建議

　　童話型的燕子不善於以言語來表達自己的可愛之處，所以可以藉由送送小禮物、親手做料理或者以態度來呈現。另外，挑選對象時，不要選擇只重視言語及外表的人，要選擇願意正視自己內心的人。

充滿陽剛味的燕子中也有女性化的類型。但只有外表是女人模樣，內在依然充滿男子漢氣概，這種反差常叫人驚訝不已。

---

## 工作 家庭副業也能發揮長才

具社會性與家庭性的童話型燕子，不論是幕前工作或是幕後工作都可以做到盡善盡美。但就算對眼前的工作有企圖心，當來自周遭的期待過大，或者被賦予領導責任時，就會突然覺得麻煩而撒手不管。

不太有想出人頭地的慾望和上進心，只要每天能工作愉快、受到周遭人的認可，能確實拿到薪水就心滿意足。因此，比起要花時間才會有所成果的工作，反倒是當天就會有結果，像是美容師、美甲師、SPA 美容師等還比較適合。善於接待客人，所以餐飲業的店員、服飾店的店員也都很適合。

除此之外，童話型燕子都有先見之明，所以從事股票買賣或網路拍賣等副業也都 OK。但因為凡事容易心生厭倦，事業版圖最好不要擴展得太大，只要厭倦時可以立刻收手的規模就好。

 建議

童話型燕子因為長相的關係，容易被上司和後進看扁，這時不要硬是逞強去做些自己做不來的事，反倒是裝笨讓周遭人伸出援手才是上策。若勉強去表現工作能力有多強，會因為稚氣臉蛋更加給人悲慘的感覺，有可能反被對方瞧不起。

# 羅曼蒂克的**孔雀** 專用的診斷圖表

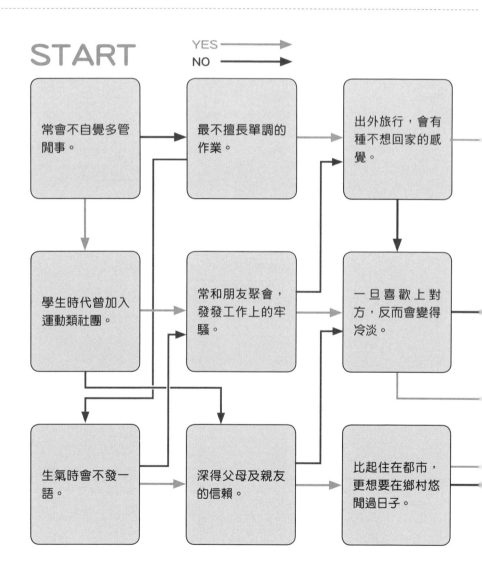

START

YES →
NO →

常會不自覺多管閒事。

最不擅長單調的作業。

出外旅行，會有種不想回家的感覺。

學生時代曾加入運動類社團。

常和朋友聚會，發發工作上的牢騷。

一旦喜歡上對方，反而會變得冷淡。

生氣時會不發一語。

深得父母及親友的信賴。

比起住在都市，更想要在鄉村悠閒過日子。

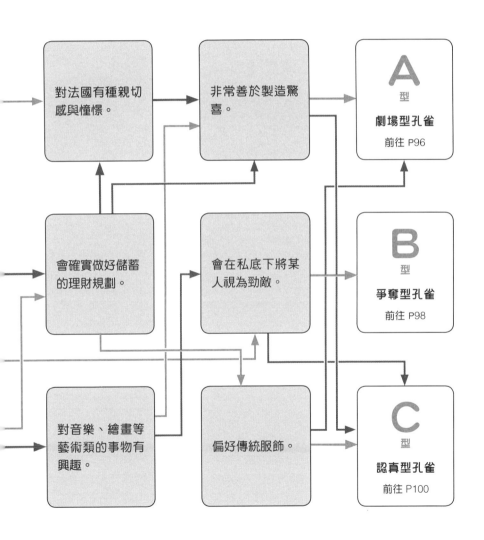

對法國有種親切感與憧憬。

非常善於製造驚喜。

A 型
**劇場型孔雀**
前往 P96

會確實做好儲蓄的理財規劃。

會在私底下將某人視為勁敵。

B 型
**爭奪型孔雀**
前往 P98

對音樂、繪畫等藝術類的事物有興趣。

偏好傳統服飾。

C 型
**認真型孔雀**
前往 P100

## A 類型
### 劇場型孔雀
# 追求戲劇性人生的熱情家

 **戀愛** 時時追求刺激的戀愛導演

　　劇場型的孔雀心目中理想的戀愛是如同電影或連續劇般充滿戲劇性的愛情。當遇到合得來的人時，就會認定「這個人就是我命運中的對象」而展開猛烈追求。容易對他人一見鍾情，不太會有感情空窗期，所以容易給人花花公子、戀愛高手的印象。

　　開始交往後無法滿足於平凡的戀情，會開始以各種形式來炒熱，像是將「我願意為你而死」等肉麻的台詞掛在嘴上、或是生日送上玫瑰花束高調為對方慶生等等。

　　另外，當戀愛變得千篇一律時，可能會出現像是以傷害對方的方式來測試對方愛意的行為。故意找碴吵架再重修舊好，以此來確認彼此的愛；出軌讓對方吃醋，再次確認對方對自己的愛，會以這些負面的方法來刺激愛情。

　　另外，也有不少人尋求刺激，藉沉迷於腳踏兩條船與不倫戀之中來自我陶醉。

 建議

　　當戀愛變得千篇一律時，做出一些讓對方感到困擾的事，會使雙方兩敗俱傷。所以，當戀愛趨於平淡時，可以換個與平常不同的約會場所，或是先稍微保持一點距離，盡量思考一些不會給對方添麻煩的方法。如果做不到的話，打從一開始就要找個會覺得孔雀的任性很可愛的成熟對象。

孔雀之中也有特別喜歡追求刺激與變化的類型。當每一天的生活太過平凡時，會自己製造風波或者夾著尾巴逃走。將自己的人生編導得精彩生動。

---

### 工作 不擅長沒有夢想的工作以及管理嚴格的工作

劇場型孔雀偏向尋找可以實現自己夢想的工作場所。因此有不少人在找到理想工作之前，會先以打工方式維持生計，或者不停換工作。

另外，早起對不少劇場型的孔雀來說是件非常痛苦的事，若要在一般性質的公司就職的話，會傾向尋找上班時間彈性或上班時間較晚的公司。反之，上司管理太過嚴格、嚴苛的公司則不適合。

職業種類方面，適合尋找可以活用藝術品味的藝能相關或設計相關工作。如果以創作家身分出道，比起腳踏實地累積資歷，更適合以自己的步調不間斷地從事自己喜歡的事，若碰巧當下的時代和自己的才能與資質很合得來，就可以因此一舉成名。另外，若從事幕後工作，容易因為自己的喜惡而不輕易妥協，最後搞得人仰馬翻。所以工作與自己的品味如何取得協調，就是成功的關鍵所在。

建議

劇場型孔雀喜歡變化多端。縱使如自己所願找到理想又有夢想的工作，也會因為千篇一律而感到厭倦。當開始感到厭倦時，並非改變工作，而是找個工作以外的嗜好，或是來一趟旅行，尋找可以改變自己心情的好方法。

## B 類型
### 爭奪型孔雀
# 將人生活到 120 ％精彩，熱中過了頭的人

 **戀愛** 是三角關係等糾纏不清的愛情常客

　　爭奪型孔雀最喜歡大驚喜。一般的孔雀純粹是因為自己想要炒熱氣氛，所以喜歡製造驚喜，但爭奪型的孔雀則多了想讓對方開心，所以驚喜的程度會更上一層樓。但卻也往往因為做過頭而讓對方因「沉重」、「煩悶」感到厭惡，自己也會因努力過了頭而疲憊不堪，落得兩頭空。

　　另外，喜好與他人競爭，所以有不少人陷於奪人所愛或三角關係中。雖然最初是享受這種爭奪的樂趣，但慢慢的重複好幾次後，就會因無法從普通戀情中獲得滿足而開始重蹈愛恨交織、糾纏不清的複雜交往關係。因為無法做到完全的公私分明，一旦愛情呈現泥沼狀，就會對工作有不良影響。

 建　議

　　爭奪型的孔雀有了情敵，或者前面有了巨大障礙，會因為「不想輸」的個性而硬要執著於對方身上，縱使自己沒那麼喜歡他。當陷入三角關係或奪人所愛時，最好要仔細想想，究竟是真心喜歡對方，還是純粹不想輸給情敵。

照著自己步調走的孔雀之中也有很好強的類型。要與他人競爭才覺得人生有意義，容易陷入奪人所愛與三角關係中。雖然屬於熱血派，卻是浪漫夢想家。

## 工作 適合能活用對抗心態與好口才的工作

爭奪型的孔雀在職場上容易對他人產生對抗心態。從事營業類型的工作時，不服輸的心態會讓爭奪型孔雀一心努力想要提昇營業額，連帶的工作上就會有很好的表現與成果。不認輸的個性也會表現在熱烈的談話中，看在年長的熱血先進眼中「現在很難得有這麼熱血的傢伙了」，多半會覺得很可愛天真。

因為具有像演講般說服他人的說話技巧，所以擅長發表企劃，但有點理想主義，太過執著於不可能實現的細節時，會造成周遭人的混亂。

另外，雖然屬於熱血派，但是討厭受到上司或前輩的指使，固執和難以取悅的特性讓爭奪型的孔雀變得難以相處。

熱得快也冷得快，所以比起長期性的工作，更適合速戰速決型的工作，只要努力就會有好成果。

### 建議

對某個特定的人產生敵意，而當那個人突然消失時，會覺得所有幹勁全失。所以，倒不如以過去的自己為敵人「會比昨天的自己更好」、「明天的自己會更好」，以自我成長為目標，這樣方能提昇自己。

## C 類型
### 認真型孔雀
# 孜孜不倦實現自我理想的努力家

**戀愛** 身為浪漫主義者，卻不擅長談戀愛

認真型的孔雀骨子裡是浪漫主義者。因為太注重面子，所以不會表現在態度上，容易給他人晚熟又嚴謹的感覺。偶爾鼓起勇氣想表現一下浪漫，卻只換來他人的驚訝「怎麼突然浪漫起來？」，收不到什麼好效果。

因為嘴笨常交不到男女朋友，但是一旦開始交往，潛藏於體內的浪漫因子就會爆發而沉溺於戀愛中，也因此帶給日常生活許多不便。然而，會利用各種理由加以掩飾，所以周遭人不太會發現有所變化。

男性的認真孔雀偏向尋找會對自己撒嬌的對象；女性則會挑選願意包容自己任性的對象，倘若真的成了這樣的配對，認真孔雀會越來越踩不住煞車，生活會變得越來越散漫。所以將來要挑選對象的話，最好選擇不會縱容自己，會嚴格鞭斥自己的。

 建議

認真型的孔雀若不趁年輕體驗戀愛的話，會因為「想談這樣的戀愛」、「戀愛應該是這樣」理想會越定越高，也就越來越交不到男女朋友。年輕時候不要對自己猛踩煞車，要積極和對方交往，好好體驗真實的戀愛。

理想主義的孔雀中也有腳踏實地的類型。外表認真又踏實,但內心描繪碩大夢想,是觀覦大逆轉的野心家。

---

**工作** **在一般公司上班 OK,但要有適度的自由**

多數孔雀型的人不擅長團體行動,但是認真型的孔雀即使在一般公司就職也沒問題。只要是分配到的職務,就會盡忠職守加以完成並做出一番成績。只是生性自由的一面依然存在,如果連工作方法都被一一要求,或者要與同事相互競爭,那認真型的孔雀極有可能在中途就失去幹勁。

另外,倘若成為上司,常常會只考慮到自我的成長而忽略其他人,所以認真型孔雀要說服自己,團隊的成長和自我成長有密不可分的關係,要以這樣的態度來面對工作。

適合從事像媒體工作者等較為引人關注的工作。對速度不太敏感,所以與其選擇電視、報紙等即時性的工作,倒不如選擇可以稍微多花點時間去投入的書籍、電影、舞台等媒體相關工作。另外,若從事藝術類的工作,適合選擇書法家或陶藝家等可以開創出新作品的工作。

**建議**

孔雀型的人不喜歡在組織底下工作,偏好自由度較大的職業,但是認真型的孔雀,建議先進入組織體驗一下再隨自己的喜好去挑選工作。在組織底下工作時可以學習社會生態以及日後轉為自由職所需的技術,等待人脈漸廣、基礎穩定後再重新出發。

# 英勇好戰的**老鷹** 專用的診斷圖表

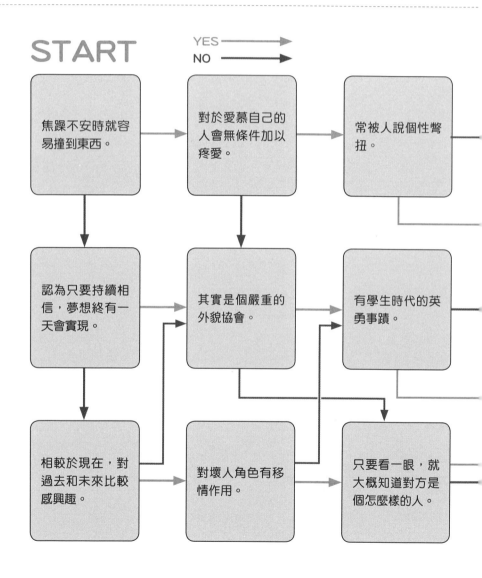

START

YES ⟶
NO ⟶

焦躁不安時就容易撞到東西。

對於愛慕自己的人會無條件加以疼愛。

常被人說個性彆扭。

認為只要持續相信,夢想終有一天會實現。

其實是個嚴重的外貌協會。

有學生時代的英勇事蹟。

相較於現在,對過去和未來比較感興趣。

對壞人角色有移情作用。

只要看一眼,就大概知道對方是個怎麼樣的人。

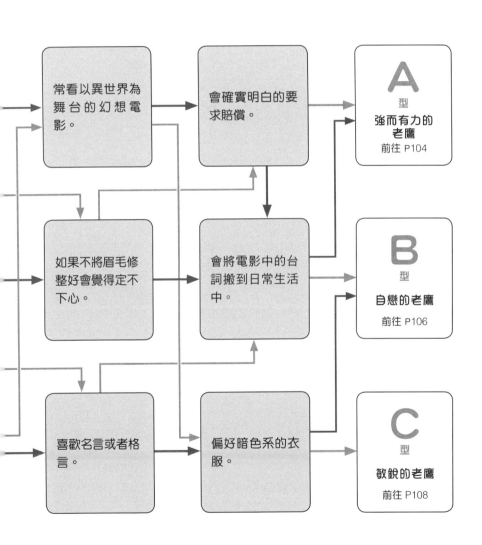

常看以異世界為舞台的幻想電影。 → 會確實明白的要求賠償。 → **A**
型
**強而有力的老鷹**
前往 P104

如果不將眉毛修整好會覺得定不下心。 → 會將電影中的台詞搬到日常生活中。 → **B**
型
**自戀的老鷹**
前往 P106

喜歡名言或者格言。 → 偏好暗色系的衣服。 → **C**
型
**敏銳的老鷹**
前往 P108

**A** 類型
強而有力的老鷹
## 擁有強大力量的坦克車

 **戀愛 在愛情表現上也是量重於質**

強而有力型的老鷹一談起來戀愛，並非被牽著鼻子走而是將自己的一切全加在對方身上。當認定就是這個人時，會不顧對方想法一直橫衝直撞。喜歡凡事黑白分明，所以會立刻要對方做出決定「你覺得我怎麼樣？」、「喜歡我的話，請回應我。」，也會做出一些令對方為難的事。

另外，在表現自己的愛意時，傾向量重於質，像是打好幾通電話給對方、寄發又臭又長的 email 給對方、烹煮一大堆吃也吃不完的料理，淨是一些令人感到沉重的舉止。

因為非常害羞的關係，會故意欺負自己喜歡的人，或是表白中因為覺得太丟臉而突然岔開話題。

不少強而有力型的老鷹對於愛情比較笨拙，會覺得和同性朋友在一起比較輕鬆，所以平時總和朋友泡在一起，就這樣不之不覺間過了好幾年單身生活。

 建 議

強而有力型的老鷹會容易有愛情越多越好的想法。但就如同調味料加太多，會因為味道太濃而食不下嚥一樣，不停灌注愛情可能會導致戀情破局。另外，因為容易有愛情表現過度的情況，所以與對方相處時只要用一半功力就好。

老鷹之中也有好勝心特強的類型。面對眼前的一切都會鼓足全力，雖然得到他人好評，但努力過頭可能會導致愛情失利。

---

## 工作 競爭心態所使，能量爆發

　　強而有力的老鷹越是和某人競爭，越是能在爭鬥中有好成果，所以並不適合和人群接觸少，一整天坐辦公桌的工作。反倒適合能和多數人打唇舌戰，互相切磋琢磨的研發、營業、販賣等工作。特別是上司會適度激發部屬競爭心態或是有競爭對手的工作環境，更可以讓強而有力的老鷹發揮超乎原有的實力。成為上司後也會時時關照部下，將整個團隊領導得非常好。

　　另外，是重視情面與上下關係的熱血派，所以也很適合警官和軍官類的職業。比起女性多的職場，更適合在男性多的職場裡工作。

　　除此之外，也適合當運動選手。強而有力型的老鷹精神和肉體都非常頑強健壯，而且生性不服輸，雖然說在團隊裡也可以發揮實力，但像是田徑、游泳、花式溜冰等個人競賽中更可以點燃其鬥志，發揮更上一層的實力。

### 建議

　　強而有力型的老鷹在稱讚部屬時容易有只針對其努力的過程而非最後的結果加以評價的傾向。如此一來，極有可能有勇無謀的拼命三郎才會受到褒揚，而那些做事事半功倍的人則會漸漸失去幹勁。所以在稱讚他人時，不論是努力型的還是成果型的都要加以表揚。

# B 類型
## 自戀的老鷹
# 最喜歡自己，浪漫主義的胖虎類型

**戀愛** 雖然看來男性化，內在卻是少女心

外表給人像老鷹般的粗壯與牢靠，卻會將連續劇中主角的台詞搬到日常生活中，且說得臉不紅氣不喘，這樣的舉止常惹得周遭人失笑。贈送對方跟歲數一樣多的玫瑰、在看得見夜景的山上吶喊情人的名字，一般會因為太丟臉而做不出來的愛情表現，自戀老鷹全都做來順手。

雖然「自戀型老鷹」的愛情表現完全不受他人好評，但卻出乎意料地讓另一半感到很開心。除此之外，面對那些平常會對這種攻勢有所顧忌的對象，也絲毫不在意地繼續進攻，所以有時會出現連作夢也想不到的大逆轉。

裝扮有點過度，攬鏡自照會自我陶醉，離受歡迎還有點距離，但是針對喜歡的對象加以進攻的勇氣卻是別人的好幾倍。就算挫敗無數次，會以「是對方沒有看人的眼光」、「沒有緣分」來自我安慰，然後再積極站起來尋找下一段新戀情。

建議

自戀型的老鷹雖然喊著「喜歡狂熱派的電影」，但嘴裡講出來的卻都是像「鐵達尼號」這種商業電影。如果對方是個重視品味的人，光是這樣的言行舉止就可能讓機會白白流失。平常要多聽旁人的建議好好磨練自己的品味，談話時也要盡量別將門檻設得過高。

熱血性格的老鷹當中也有裝模作樣的類型。認為自己是講究時尚的人，想成為俊男美女，卻常惹得旁人失笑。但這樣的舉止並不令人討厭，反倒有點親切。

## 工作 適合文化藝術類目又以體力分勝負的工作

自戀型的老鷹即便在工作中也會醉心於自己的工作模樣與說過的話。特別是最喜歡以忙碌為傲，喜歡向別人凸顯自己可以不睡覺身兼數職。

雖然周遭人會覺得有點沉悶，但基本上自戀型的老鷹是條硬漢子，工作越忙越充滿幹勁，所以需要超強勞動力的工作環境最喜歡這一類型的人。

另外，自戀型老鷹喜歡多采多姿的工作，所以很適合媒體業。其中，需要觀前顧後、需要體力‧耐力的特別合適。需要常熬夜的編輯、導演，需要超強體力的電視台道具人員、攝影師、替身等工作都能讓自戀型老鷹發揮實力。

此外，較令人意外的的是自戀型老鷹也蠻適合當歌手。音質優美，帶有獨特的華麗感與親切感，比起演唱現今的流行歌曲，唱些與生活有密切關係的演歌和歌謠會比較容易一舉成名。

建議

自戀型的老鷹雖然自己心裡不這麼認為，但其實本身是非常熱中流行與藝能事物。因為能以獨特的敏銳度去瞭解大眾喜歡什麼，所以在媒體相關工作中，比起藝術類的領域，綜藝相關領域會更為合適。比起電影，倒不如電視方面；比起連續劇，倒不如綜藝節目，總之，適合闔家觀賞的節目比較可以發揮實力。

# C 類型
## 敏銳的老鷹
# 可以看穿他人本質，
# 操縱他人的幕後支配者

**戀愛** **分不清楚是支配還是愛，容易落得形單影隻**

　　敏銳的老鷹因為具有看透對方弱點的直觀力與不容對方分說的強勢，很容易會照著自己的意志隨意操縱、支配他人。但那原本是不該隨意使用的力量。若因私慾而繼續使用的話，身邊會只剩下沒問題先生（YES MAN），最後只能獨自一人啃食孤獨的滋味。

　　在戀愛方面，敏銳的老鷹也一樣會利用與生俱來的力量與直觀能力來攻陷對方，並且照自己的意思加以操控。面對財力不雄厚的對象，多半以金援方式來勉強維繫；面對沒有自信的對象，則一直灌輸「你沒有我是活不下去的」的觀念，這樣的戀情無法持久，到最後得到的就只有空虛。

　　敏銳的老鷹若想要得到幸福的愛情，就必須捨棄面子和慾望，只為了對方來使用自己的力量。打從心底想著「我希望這個人能得到幸福」，以謙虛的心態來與對方相處，如此一來，不同於支配的愛情才會在心中萌芽。

建 議

　　敏銳的老鷹以支配的方式來維繫彼此之間的感情，純粹是因為不懂得如何愛人與被愛。因此，對象若是愛人不求回報的東方白鸛，以及熟知如何被愛的金絲雀，就可以拿來當最佳學習教材。或者能和這兩種類型的朋友好好商量商量也是不錯的方法。

熱血奔騰的老鷹中也有愛動腦的類型。支配他人的慾望強，有助於站上統治者的位置，但最終結果常落得孑然一身。

## 工作 年紀輕輕就出人頭地，容易變成獨裁者

敏銳的老鷹擁有超乎常人的力量與直觀能力，無法只滿足於受人指揮的工作，所以不少人都會自己開公司。藉由創辦公司，與伙伴或對手互相切磋琢磨來擴展公司事業，從中獲得喜悅。

倘若年少時沒吃盡什麼大苦頭就飛黃騰達，可能會使操縱他人的慾望加深，變成一個獨裁者。為了不樹敵盡量居於幕後，在幕後掌控一切，或者招募像是親手足般可以為自己賣力工作的人，不是前者就是後者，會是這兩種的其中一種。另外，若因為利慾薰心硬要站到第一線，可能會引起周遭人反感而導致自取滅亡。

這種類型的人應該要趁年輕多吃點苦。不僅能學習工作上所需技能，還能藉勞動多消耗一些精力，如此一來就比較不會有想支配他人的衝動。

 建 議

為了不受利慾驅使而迷失自我，敏銳的老鷹最好找個在他面前會抬不起頭的重量級人物在自己身邊。經常找對方商量，確實服從對方的教誨，如此一來就可以避免誤入歧途。而那個人盡量是年長者，且願意像家人一樣給予建議。

# 忍耐力強的企鵝 專用的診斷圖表

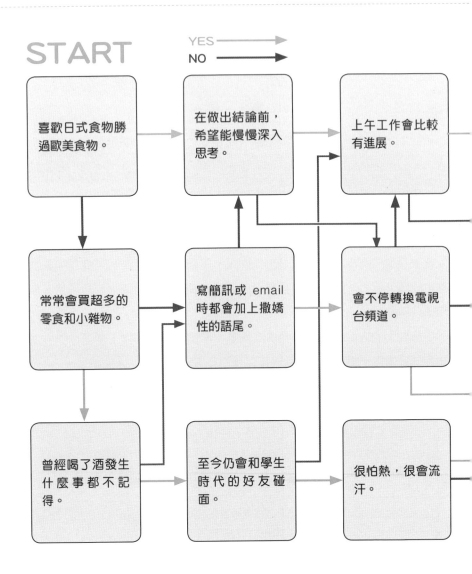

START

YES ——→
NO ——→

喜歡日式食物勝過歐美食物。

在做出結論前，希望能慢慢深入思考。

上午工作會比較有進展。

常常會買超多的零食和小雜物。

寫簡訊或 email 時都會加上撒嬌性的語尾。

會不停轉換電視台頻道。

曾經喝了酒發生什麼事都不記得。

至今仍會和學生時代的好友碰面。

很怕熱，很會流汗。

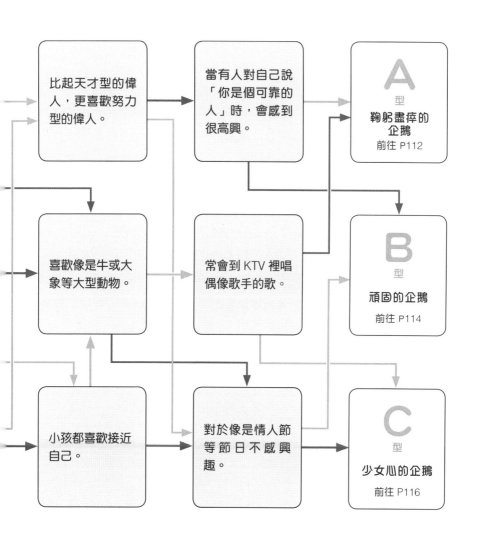

比起天才型的偉人，更喜歡努力型的偉人。

當有人對自己說「你是個可靠的人」時，會感到很高興。

**A**
型
鞠躬盡瘁的企鵝
前往 P112

喜歡像是牛或大象等大型動物。

常會到 KTV 裡唱偶像歌手的歌。

**B**
型
頑固的企鵝
前往 P114

小孩都喜歡接近自己。

對於像是情人節等節日不感興趣。

**C**
型
少女心的企鵝
前往 P116

A 類型
鞠躬盡瘁的企鵝

# 藉由協助他人來換取安心感的輔助者

 戀愛 擅長鞠躬盡瘁，不善於撒嬌

　　鞠躬盡瘁型的企鵝會很想為心愛的人事必躬親。會一直努力撐著不睡等待對方回家；會很賣力接送對方，為對方奉獻的模樣令人憐愛不已。若對方是個會真心為企鵝的努力心存「感謝」的人就好，但畢竟因人而異，有人會覺得很有負擔，有可能企鵝越是努力，彼此之間的距離反而拉得越遠。

　　另外，鞠躬盡瘁的企鵝就是無法丟下弱勢者不管，所以容易身陷窩囊男與窩囊女之中，出錢供養對方，又被對方呼之則來揮之則去。

　　雖然為對方鞠躬盡瘁，卻非常不善於向對方撒嬌，容易讓對方以一句「你就算沒有我也活得下去」就甩掉，或者遲遲聽不到對方開口求婚而持續曖昧不清的關係。倘若對方能讓鞠躬盡瘁型企鵝自然而然的撒嬌，且又認同鞠躬盡瘁型企鵝的努力，那彼此就可以共築一個溫馨的家庭。

 建議

　　相較於照顧有加的東方白鸛會機伶察覺對方的所需，進而給予協助，鞠躬盡瘁的企鵝只會將自己想為對方所做的事全加諸於對方身上。所以，當自己按耐不住很想為對方做些什麼時，最好先問問對方的需求後再行動。另外，要說服自己「放任不管也是一種溫柔的表現」，不要過度管閒事也是有效的方法之一。

企鵝當中也有特別鞠躬盡瘁的類型。會因對他人有所幫助而感到高興，具輔助者的才能。但另一方面也希望對方能認同自己的努力。

## 工作 在輔助功能上發揮實力

鞠躬盡瘁的企鵝不僅願意做別人不愛的工作，還願意時時關照帶領部下，是組織中不可或缺的重要人物。面對問題會不屈不饒加以處理，對組織又忠心耿耿，是非常難得的管理人才。

擁有想站在領導位置的慾望，但是一旦站在眾人面前卻又因為緊張而發揮不出平時的實力，所以寧可不要位居龍頭寶座，以幕後人員的身分才會獲得好評價。

平常待人敦厚又溫文儒雅，但也有頑固的一面，明知是自己的錯，就是無法坦率道歉。另外，不少鞠躬盡瘁的企鵝酒品都不太好，常因工作交際應酬上對上司無理糾纏或吐槽，而搞砸不少事。

天性喜歡幫助有困難的人，所以適合從事醫生、護士等醫療相關工作；教師或托兒所保母等教育相關工作；看護等福祉相關工作，另外，也很適合當志工。

建議

鞠躬盡瘁的企鵝想對他人有所幫助的心意是一般人的一倍之多，對於受到他人褒獎、感謝這種事非常敏感。如果太著重於此的話，當沒有受到褒揚時就會容易感到失落沮喪，甚至埋怨沒有那些認同自己努力的人。所以，受到讚揚時最好不要開心過了頭，以平常心看待就好。

# 可以看穿他人本質，操縱他人的幕後支配者

 戀愛 **平時溫和，不過一旦生氣會因頑固個性而使氣氛尷尬難解**

頑固的企鵝外表乍看之下認真又嚴謹。給人就算邀約也會以「不用了」這句話斷然拒絕的印象，因此不太會有異性貿然出聲搭訕的情況發生。

但是，雙方一旦開始交往，就會給予對方滿腔溫暖的愛，會盡全力將自己奉獻給對方，呈現完全不同的一面。結婚後會完美扮演好丈夫・好妻子的角色，打造幸福美滿的家庭。因為極端厭惡違背道德的行為，所以是不倫或劈腿的絕緣體。

若說到缺點，那就只有「頑固」這一點。因為是屬於不會說人長短的個性，所以當自己被他人說三道四時，就會怒火中燒沉默不語。另外，因平時不太生氣，所以當怒火爆發時，容易將對方不該觸及的過去或缺點毫不留情地全說出口，造成無法挽回的局面。所以吵架時，最好有所節制，不要說出置對方於死地的言辭。

 建議

頑固的企鵝最不擅長「對不起」等向人道歉的話語。為了不讓彼此間的脣槍舌戰拖延得過久，可以改以「一起吃個飯，重修舊好吧」等言辭來替代。除此之外，這一類型的人容易說出「我已經改掉○○的習慣，你也改掉××習慣吧」的話，但是這種話依場合的不同，很有可能會變成火上加油，所以要多加留意。

企鵝當中也有頑固嚴謹的類型。喜歡凡事適可而止，會確實盡到自己的本分。然而其實私下是溫和又友善。

---

## 工作 因責任心強而有點不近人情

　　頑固的企鵝具有責任感且認真，在工作場合上，這樣的個性會更加顯著。雖然給人不輕易屈服的印象是很好，但因為不知變通，且辦不到就明說辦不到這一點，會給人無情、可怕的負面印象。

　　話雖如此，頑固的企鵝下了班就會變得非常親切和善。一起去聚餐時會驟然改變，笑容堆滿面，還會說些有趣的事來娛樂大家。其實頑固的企鵝原本就是溫和、爽快的人，只是一到外面就會因責任感使然，想要盡全力保護大家。

　　雖然看來有點冷漠，但深受他人信賴，且做事認真，所以很適合政治家或是銀行員等需要經手金錢的職業。另外，因為堅忍不拔且重視人倫，像是製造業等需要團隊合作的工作也很不錯。願意為了他人而努力的心意很強烈，所以與其獨自一人奮鬥，倒不如在大團隊中工作還比較能夠發揮實力。

　　例如鐵道迷等，擁有比較御宅族嗜好的頑固企鵝還不少。本人並不會想將這種事告訴他人，但一旦在工作環境中打開有關私人或嗜好的話匣子，就會想停也停不下來的一直講，不過相對的就會給人容易親近的感覺。另外，在辦公桌上擺些可愛的小飾品或創意文具也會有助於散發親切感。

# C 類型
## 少女心的企鵝
# 外表是堅忍不拔的爽朗派，
# 內心是十足的純情少女

**戀愛** 容易陷入迷戀，卻不是個戀愛高手

少女心的企鵝原本是開朗、豪邁，行為舉止像個男孩。在異性面前會強烈希望自己是最可愛的，所以原本應該是褲裝或牛仔褲等俐落的裝扮是最合適，但約會時少女心企鵝會穿上有波浪褶邊的衣服或迷你裙等十足少女模樣的服飾，把對方迷得團團轉。而男性的話，則會用寶寶語言和女朋友講話，外表和內心有很明顯的反差。

容易迷戀他人，希望隨時都是戀愛進行式，但生性害羞，始終無法將心意傳達給對方，「今天對上眼了」、「他跟我說話了」，常常一人獨自興奮。一旦談起戀愛，不是被牽著鼻子走，而是會使勁將最好的一切全推送給對方。總是隨時想著另一半，三不五時就傳 email 或打電話給對方。除此之外，會很想為喜歡的人做些什麼，所以，被窩囊男‧窩囊女利用、只要對方要求，就算鉅款也無條件借予等等這樣的情況也層出不窮。

 建議

當少女心的企鵝想找人商量戀愛情事時，都會找些與自己類型相似或是會淨挑自己愛聽的話說的朋友。其實會對自己直言不諱的同性好友或者異性友人，他們所說的話才是對自己最有幫助的。和他們聊過之後，應該就可以發現那些之前未曾注意到的戀愛弱點。

企鵝之中也有很少女情懷的類型。喜歡與自己外表相反，可愛到不行的事物。不擅長戀愛交戰，卻是職場上最受歡迎的一個。

## 工作 開朗、善於言談，工作態度受到大家認同

企鵝原本就屬於即便是別人不愛的工作，還是會默默承受的類型。而其中少女心的企鵝因為開朗、善於言辭、又總是笑容滿面，是周遭人最喜歡的工作高手。

工作方面，最適合的是需要接待客人的行業。以餐飲業來說，比起制式化的速食店，可以與客人閒話家常，充滿溫馨感的小店更為適合。因為不會惹人嫉妒的個性，在女性居多數的百貨業或超市工作也不錯。

喜歡帶給他人喜悅，按摩師、美體美容師的工作也很合適。若有足夠的體力，新幹線上的販售服務員、空服員等工作也是不錯的選擇。

有點會為人鞠躬盡瘁的傾向，所以很適合當專職家庭主婦（主夫）。將家事做到盡善盡美，適度的睜一隻眼閉一隻眼的開朗個性，是家裡療癒身心的萬靈丹。

建議

因為少女心企鵝是認真埋頭苦幹型，所以看到雖然做事有一套卻老是好吃懶做的人就會感到很煩躁。如果因此口出惡言，只會降低周遭人對自己的評價。所以只要自己繼續努力，就一定會有人看在眼裡。不要讓對方打亂自己的步調，照平常一樣繼續努力工作就好。

# 固執己見的**烏鴉** 專用的診斷圖表

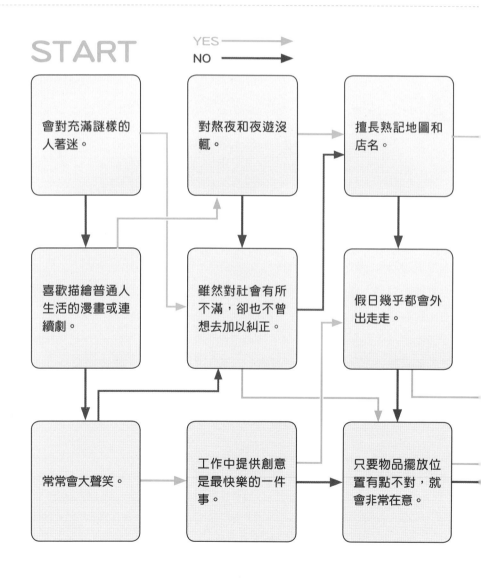

START

YES ——————▶
NO ——————▶

會對充滿謎樣的人著迷。

對熬夜和夜遊沒輒。

擅長熟記地圖和店名。

喜歡描繪普通人生活的漫畫或連續劇。

雖然對社會有所不滿,卻也不曾想去加以糾正。

假日幾乎都會外出走走。

常常會大聲笑。

工作中提供創意是最快樂的一件事。

只要物品擺放位置有點不對,就會非常在意。

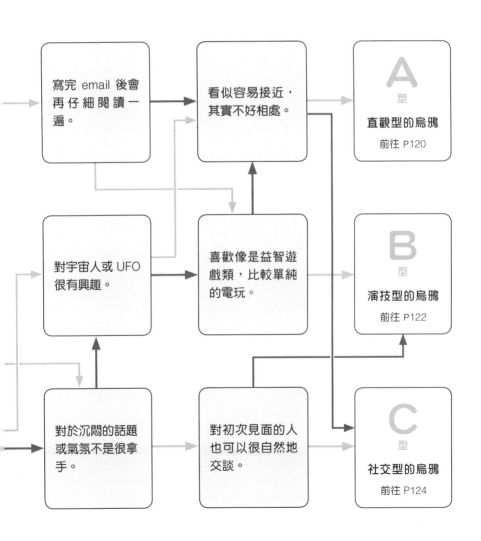

寫完 email 後會再仔細閱讀一遍。

看似容易接近，其實不好相處。

A 型

直觀型的烏鴉

前往 P120

對宇宙人或 UFO 很有興趣。

喜歡像是益智遊戲類，比較單純的電玩。

B 型

演技型的烏鴉

前往 P122

對於沉悶的話題或氣氛不是很拿手。

對初次見面的人也可以很自然地交談。

C 型

社交型的烏鴉

前往 P124

A 類型
直觀型的烏鴉

# 瞬間看穿事物本質的超能力感應者

 **戀愛從一見鍾情開始**

　　直觀型的烏鴉總是依第一印象來判斷事情。用在工作場合裡，多半會有好結果，但是用在戀愛上，「就是這個人！」當心裡有這種念頭時，對方多半是窩囊男・窩囊女。平常滿腦子想的都是對方，而且越是喜歡對方就越是膽小說不出口，所以有不少人常為單相思所苦。

　　越有困難度的戀愛，鬥志就會越高，戀愛太唾手可得的話，可能會在中途就覺得索然無味。比起時常見面，小別更容易累積對對方的思念，因此常會將單戀對象過度理想化，或者心裡一直對已分手的前男友（前女友）念念不忘。

　　追求他人很拿手，被他人追求卻很彆腳。對於交往中的另一半也不會完全敞開自己的心胸，常會讓對方因「完全不知道你在想什麼」「不對我敞開心胸」而感到痛苦。

 建議

　　直觀型的烏鴉常因對方「是我喜歡的聲音」、「拿筷子的方式很美」等一個小小的點就著迷不已，光只是這樣就會墜入愛河。若選中的對象是和自己合得來的人就好，若所選非人的話，只會徒增日後無謂的辛勞。因此，挑選對象時要將視野放大，多考慮個性、嗜好、經濟能力等各方面。

烏鴉當中也有直觀能力特別好的類型。依第一印象判斷事情，一旦決定就不容許他人介入，會獨自一人貫徹到最後。

## 工作 比起完成期限，更重視完成度

直觀型的烏鴉，比起依經驗或數據，更喜歡依自己的直覺來下判斷。通常直覺多半是正確的，但也因為沒有可以加以佐證的依據，常會使周遭人感到不安而不敢貿然跟進。

可以在瞬間看透事物本質，凡事都可以巧妙完成，給人非常精鍊的印象。固著性很高，所以連帶的非得做到盡善盡美才肯罷休，常常得花很多時間重新修改校正，不知不覺間就已超過預算或完成期限。

從一到十都想由自己親自操刀，不擅長與他人分工合作。因此像是自由作家、插畫家、傳統工藝之工匠、研究者、料理家等在某種程度可以獨自一人進行的工作是最適合的。另外，對於喜歡的事物可以發揮異於常人的熱情與耐力，所以也很適合需要毅力才能完成作品的電影導演或漫畫家等工作。

 建 議

直觀型的烏鴉對於分配到的工作，會想要從頭到尾都由自己獨自一人完成。若真的必須與他人分擔時，不要以前半・後半的分工方式，最好是以 A 工作由一人負責，B 工作由另外一人負責的完全分工方式比較妥當。另外，隸屬於組織時，最重要的是莫將完成的工作全當成是自己一人的成果。

**B** 類型
演技型的烏鴉

# 將表演融入生活中的天生演員

 **戀愛** 會配合對方來改變自己

　　演技型的烏鴉在戀愛這方面算是晚熟。但不曉得為什麼，所選的對象幾乎都會傾向難以取悅的男性或倔強的女性等不太好相處的人。

　　一旦墜入愛河，對於周遭人的反對聲浪一概充耳不聞，甚至還有不少人會因為他人的反對而情緒高漲，作對心態使然下進而與對方交往或結婚。

　　演技型的烏鴉所挑選的對象並非是與自己合得來的人，而是為了喜歡的人盡量去配合他。去迎合對方的喜好，扮演理解力強的好情人，假裝自己是個既時尚又好社交的人。

　　扮演與自己完全不同的角色，有時會有出乎意料的好結果，但如果演過頭的話，會漸漸摸不著頭緒對方喜歡的究竟是真實的自己，還是扮演的那個角色，因而對自己失去信心。

 建 議

　　演技型的烏鴉對於喜歡的人會非常執著，當長年沒有男女朋友，或屆臨適婚年齡時，這樣的情況會更嚴重。心中有候選人時，千萬不要焦急，要仔細考慮清楚究竟是真心喜歡對方，亦或是單純怕錯過再也找不到對象。

烏鴉當中也有不通人情的類型。視情況扮演必要的角色，再困難的事也能克服。面對愛情時，容易挑中不易相處的人。

---

## 工作 依需要而扮演不同角色

其他類型的烏鴉只對自己喜歡的工作有興趣，願意一個人默默完成，但這樣的個性不太適合公司這種有制度的組織。演技型的烏鴉就不一樣，分配到什麼樣的工作，就會徹底扮演好那個角色，很順利地融入公司團隊中。舉例來說，分配到計畫案的領導者角色、在某人底下工作的協助性質角色，演技型的烏鴉都可以分別將其扮演得非常完美。

另外，不僅只有自己喜歡的事物，對其他各種相關的領域也都很感興趣，好奇心非常旺盛。常常以豐富的知識為本錢，提出各種新奇的企劃，算是充滿想像力的點子王。

能與各種不同類型的人相遇，且可以貫徹自己的路，這種性質的工作比較適合演技型的烏鴉。像是各類型的作家、編輯、依不同病患給予不同治療且不斷磨練自身醫技的醫生、整骨師，以及可以活用演技的搞笑藝人或演員都是非常合適的行業。

建議

演技型的烏鴉一旦收起演技，討厭人的特性與內向特質就會跑出來，與他人溝通會變成一件麻煩事。所以，要接受「戴上面具的自己也是自己」的事實，以真實的自己去面對，工作才會順利。

C 類型
社交型的烏鴉

# 乍看爽朗乾脆，但其實是固執派

 戀愛 一旦認真談起戀愛會變得膽小怯弱

社交型的烏鴉只要發現稍微不錯的對象出現，就會積極接近。但是一旦面對真心喜歡的人，卻出乎意料的膽怯。面對他人可以輕易說喜歡，但面對真命天子卻只能紅著臉垂著頭，純真的一面一覽無遺。

或許一開始只是玩玩的心態，交往後慢慢動了真心，但害怕對方提出分手，會容易變得對另一半唯命是從。若對方是好人就沒有問題，若對方是個狡猾的人，就有可能反被利用，不但騙吃騙喝，還會在背地裡拈花惹草。

反過來，如果是對方追求而開始交往的情況，本身不是那麼感興趣的話，很可能會以露骨的冷漠態度加以對待。就算一起外出用餐，除非必要，不然不會有多餘的對話；重要大事，總是自己一個人迅速下決定，不會花過多的時間與精力在對方身上。除此之外，當對方越是積極，就越是容易被牽著鼻子走。

 建議

對社交型的烏鴉來說，最重要的是要將「就算沒有你，我也可以一個人活下去」這一點確實表現出來。如此一來，「不想分手」「不想被討厭」的這種心態才不會被對方利用進而加以操控，彼此才能建構對等的關係。另外，培養可以獨自一人完成的興趣，也是有助於不會過度依賴對方的好方法。

烏鴉當中也有善於社交的類型。有準確的判斷力與果決的行動力，但一旦事關己身所愛，卻會變得相當謹慎與膽怯。

## 工作 擁有卓越判斷力的可靠領導者

其他類型的烏鴉對於大事都有速戰速決的果斷力，但面對瑣碎的小事卻遲遲無法下決定。然而社交型的烏鴉，會確實做好衡量損益的工作，從大事到小事都能迅速做出判斷。因為會詳加說明為何做出這樣的判斷，所以不會造成周遭人的不安。

除此之外，社交型的烏鴉不僅針對自己的事，針對其他重要他人也可以為其預測未來，進而提出良心建議，是個受到周遭人尊敬的好上司。可以一眼看出同伴的資質，很適合當具有 BOSS 性質的劇團領袖、經紀公司的老闆或運動團隊的教頭等等。

雖然平時行事合情合理，但也有固著的一面，一旦固執癖發作，工作就會因此停滯。反之，一旦擁有擺平糾紛的強大力量，就會毫無所懼往前衝。

建議

社交型的烏鴉一旦堅持自己的品味或美的意識，判斷力就會變遲鈍，工作就容易停滯不前。若以他人的利益為優先考量的話，就可以做出合理的判斷。另外，當埋首工作中時常常會忙到廢寢忘食，疲勞過度就會影響判斷而做出錯誤決定，所以適時的休息對社交型烏鴉來說是非常重要的。

# 照顧有加的**東方白鸛** 專用的診斷圖表

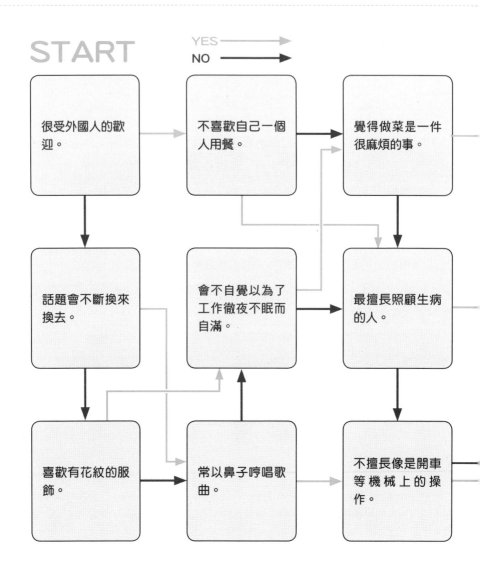

START

YES ⟶
NO ⟶

很受外國人的歡迎。

不喜歡自己一個人用餐。

覺得做菜是一件很麻煩的事。

話題會不斷換來換去。

會不自覺以為了工作徹夜不眠而自滿。

最擅長照顧生病的人。

喜歡有花紋的服飾。

常以鼻子哼唱歌曲。

不擅長像是開車等機械上的操作。

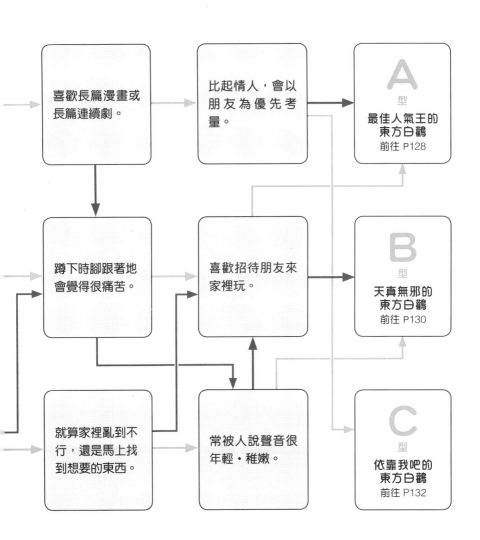

喜歡長篇漫畫或長篇連續劇。 → 比起情人，會以朋友為優先考量。 → **A 型** 最佳人氣王的東方白鸛 前往 P128

蹲下時腳跟著地會覺得很痛苦。

喜歡招待朋友來家裡玩。 → **B 型** 天真無邪的東方白鸛 前往 P130

就算家裡亂到不行，還是馬上找到想要的東西。

常被人說聲音很年輕・稚嫩。

**C 型** 依靠我吧的東方白鸛 前往 P132

## A 類型
### 最佳人氣王的東方白鸛
# 華麗又引人注目，
# 打從骨子裡的超級巨星

**戀愛** 雖是萬人迷，卻老是因故起糾紛

最佳人氣王的東方白鸛因為重感情又十分有魅力，所以非常受到異性歡迎。給人「不會嫌麻煩」的印象，所以常有不倫之戀找上門。

雖然是戀愛體質，但因為有不想傷害真命天子的信念，所以幾乎不會有外遇、劈腿的行為。天性無法丟下有困難的人不管，常會找情人以外的異性商量，所以也容易徒增一些無謂的糾紛，像是讓商量的對象動了真心，或是讓真命天子胡亂猜忌等等。

一旦有了喜歡的人，就會拼了命想要照顧對方。但是，閒事管過頭的話，會導致對方變成一個什麼事都做不來的廢人，或者甚至被嫌棄「你跟我老媽沒什麼兩樣」而被一腳踹開。但就算如此，因為心情轉換得很快，並不會因失戀的打擊而久久走不出傷痛。

建 議

最佳人氣王型的東方白鸛桃花非常旺，而且不論對方是誰，都給予相同的愛，這在情人眼裡看來格外不安。為了不讓情人操額外的心，最好明確說出和誰見過面，並明白表達自己並沒有變心。此外，對於那些對自己有意思的人，也不要以曖昧的態度對待，有必要明確的告訴對方自己已經心有所屬。

東方白鸛中也有特別華麗的類型。不但異性緣佳，在職場也很受歡迎。對任何人都平等以待，容易招致沒必要的誤會。

## 工作 來自他人的感謝是至高的讚美

適合最佳人氣王東方白鸛的職業是那種可以幫助有困難的人，且凡事都可以插一腳的工作。從像是護士等醫療相關工作，或是保母等社會福利相關工作，既可以喜悅他人，自己也可以得到充實感，一石二鳥。而氣氛沉悶的工作場合也會因為東方白鸛的存在而變得明亮。

開朗受歡迎的個性，也很適合需要接待客人的行業。比如 SPA 美容師、美甲師、美容師、飲食業、服飾業、櫃臺小姐等等。若任職於一般公司的話，則適合總務或秘書等，需要與多人交流，需要協助他人的職位。

除此之外，華麗且有巨星風範的性格，也很適合當歌手或演員，可以站在台前的工作。口才很好，當藝人或司儀也很恰當。若成為藝人，比起刻意扮演，以最原始的自己呈現在大眾面前才會令人有親近感，也因此成為最佳人氣王。

 建 議

最佳人氣王型的東方白鸛出乎意料的也有健忘和糊塗的一面，所以最好避開需要正確性的工作。一旦接下這種工作，比起擔心人際關係，更需要注意的是疏忽所造成的失誤，一定要多加檢查與確認才行。另外，若是女性的話，在職場穿著領口太低的衣服容易招致反感，這一點最好要加以避免。

# B 類型
## 天真無邪的東方白鸛
# 充滿成熟大人與純眞稚童的反差魅力

 **戀愛** **願意爲深愛自己的人奉獻一切**

　　天真無邪的東方白鸛同時擁有像孩童般的天真與凡事包容的母性特質。男性的話，擁有如少年般的純真與成熟大人的魅力；女性的話，則是擁有少女般的甜美與成熟大人的韻味，都非常有異性緣。

　　相對於其他種類的東方白鸛總是很單方面的照顧他人，天真無邪的東方白鸛則只會對自己在意的及關愛自己的人，以報恩的心態來奉獻愛情。對於那些有困難的人或需要自己的人放不下心，這一點和其他類型的東方白鸛一模一樣。慰藉失戀的人，不知不覺愛上對方；想要援助那些因無法完成夢想而受盡折磨的人，總是容易爲那些有艱苦境遇的人牽掛不已。若再加上對方以「沒有你活不下去」、「只要有你在，就莫名地有精神」來歌頌自己的重要性，沒兩下就墜入愛河了，會像隻忠心的小狗一直守在對方身邊。

 建 議

　　天真無邪的東方白鸛外型華美且充滿韻味，所以容易吸引輕佻的異性接近。由自己來挑選對象的話，多半會挑中擁有不幸遭遇的人。如果想要有個忠實又穩定的戀情，可以請值得信賴的親友幫忙介紹。另外，由於容易受騙的個性，對於那些淨會說些甜言蜜語的異性要特別注意。

東方白鸛中也有依然保留天真無邪的類型。會像隻寵物般緊挨在那些疼愛自己的人身邊，為他們奉獻自己的一生，反之，也會因為人太好而受騙上當。

## 工作 受到周遭人的關注，回應大家的期待

天真無邪的東方白鸛是屬於那種受到他人關注、關愛才會發揮實力的類型。像是音樂家、演員、藝人、談話性節目主持人等都是非常適合的工作。懂得如何得到他人的關愛，也會為了回應周遭人的期待而努力，所以多半都能成為演藝圈的長青樹。

除了演藝相關工作外，最適合天真無邪東方白鸛的職業就是能夠站在人前，吸引大家目光的工作。例如企業裡的櫃臺人員、秘書或業務員；倘若是一般店家的話，適合的工作並非廚房或倉庫管理等幕後的工作，而是可以直接面對客人的店員。不論什麼樣的客人，都會真心相待，所以有不少人會因此成為客人慕名而來的招牌店員。

另一方面，天真無邪的東方白鸛是三種類型的東方白鸛中最會忘東忘西，最迷糊的一個。所以為了安全起見，最好避免從事攸關人命的醫生、護士或是需要經手大筆金錢的銀行員等工作。

建議

這一類型最需要注意的就是公司內戀愛。會輕易愛上疼愛自己的上司或前輩，而且心情會全寫在臉上，就算想隱瞞也不可能。成為公司裡公認的一對，最後步上紅毯的不在少數，但如果不幸走上分手一途，在公司的處境會變得尷尬不已，所以最好還是多注意一下。

# C 類型
## 依靠我吧的東方白鸛
# 強烈希望眾人仰賴的領導者

 **凡事關照過了頭，會害對方成為無用之人**

依靠我吧的東方白鸛，想要被他人需要，想要被他人依靠的慾望比一般人來得強烈，凡事都想搶先參一腳。所以，生性懶惰的人和這種類型的人在一起的話，在從頭到尾受盡照顧的期間，會慢慢變得什麼事都想依賴他人，變成一個自甘墮落的廢物。

尤其是當對方就在身邊時，動不動就想出手幫忙，所以結婚前最好避免同居。另外，若對方是自組個人工作室在自家工作，結婚後依靠我吧的東方白鸛很可能只要發現什麼小細節就會想要搶先插手，這一點需要特別留意。

原本是尊敬才會喜歡上對方，但是當有人需要，並仰賴自己時，會容易將其錯認為愛情，進而將對方納入自己的羽翼下。所以，尋找對象時，比起自找上門的，倒不如由自己來挑選會比較好。

 建議

依靠我吧的東方白鸛那種「想要照顧他人」的意圖是天生的本能。羽翼下如果只有情人一個人的話，會將過度的愛情全加諸在他身上，會讓對方變成凡事只會依賴他人的人。因此，在職場照顧同事、在家照顧寵物，分散注意力後，就不會將全副精力全集中在情人身上。

東方白鸛當中也有特別愛管閒事的類型。渴望受到他人仰慕的慾望強烈，凡事都要參一腳，最後使得對方成了墮落無用之人。

---

## 工作 眾人團聚在身邊就是種幸福

　　強烈希望大家能依賴自己，實際上也很喜歡照顧他人，在職場上容易被定位在領導階層。只是支配他人的慾望不大，只要大家聚集在自己身邊，仰慕自己就已足夠。不太適合對部下頤指氣使，反倒是當部下有問題時，適時給予建議或幫忙善後，這樣的做事方法比較適當。

　　抵擋不住他人的慫恿，當對方說「只有你才做得到」時，就算再怎麼逞強也一定會努力做到。另外，平時照顧人照顧多了，反而沒有可以與自己對等的人，縱使身邊圍著再多人，心裡依然感到孤獨。

　　適合的行業是一人要面對數人的那種工作。例如美容師、服裝店店員等需要接待許多客人的工作。另外，一天必須面對好幾位顧客的業務員也非常合適。除此之外，統合 10～40 人左右小規模的團體完全不成問題，所以木工工頭或旅館老闆娘等工作也是不錯的選擇。

建議

　　這一類型的人不擅長回絕他人的慫恿，一旦上鉤，雖然會發揮更甚於平常的實力，但容易因為周遭人的花言巧語而任人擺佈。要多加注意，不要為他人的失敗背黑鍋，不要成為被他人追究責任的倒楣鬼。另外，培育部下時，不要過度伸出援手，否則容易讓部下成為一個什麼都不會的人。好管閒事也要適可而止。

結 尾

　　感謝將這本書閱讀到最後的各位讀者，在此我希望能將**如何活用這本書的方法傳授給大家**。方法並不難，誠心希望大家都能嘗試看看。

　　首先，閱讀這本書找出自己是屬於哪一種鳥，**請試著在自己腦海中想像那個角色**。舉例來說，「這種類型的人在幸運的時候會是如何」、「當狀況不佳時，會是什麼樣的心境」，嘗試去想像各種情況。另外，也想像一下面臨就職、結婚等人生轉折點時的情景，具體模擬一下那時的心情與會採取的行動。吵架時會是什麼樣的模式、心情不好時又會如何，反之，心情超順時又會怎麼樣等等，盡可能模擬各種場景。

　　但是，絕對不能以自己為標準去設定。從頭到尾都必須是「**這種類型的人會採取什麼樣的行動**」，要以第三者的立場來思考。如此一來，就能很自然的以客觀觀點來審視自己。

如果能做到這一點，就可以以冷靜的態度去面對日常生活中各種場景中的自己。

　　以俊秀聰敏的燕子來說，當狀況順遂時會變得比平常還要積極，步調會快得令旁人追不上，這時如果讀過了「你是哪一種鳥？」這本書，就能夠以客觀的角度來審視自己「現在的自己衝過頭了，若不放慢腳步的話，其他人會跟不上。」，瞭解到這一點的話，做起事就可以更從容不迫。另外，以固執己見的烏鴉為例，通常只要一聊到自己喜歡的領域，說什麼都不會輕言退讓，爭執不下到最後有可能會惹怒對方、陷入自我厭惡中，這時如果能夠說服自己「我現在太過固執了」，就可以稍微退一步，讓自己的心情沉澱穩定下來。

　　像這樣每天讓自己正視「雖然自己覺得理所當然，但事實並非如此」這一點，慢慢的人際關係就會變得非常順暢。**這本書中的實踐部分並非要自己無奈地去接受自己就是這種個性的事實，而是要將自己的優缺點巧妙運用在待人處事上**。所以，希望有機會的話，大家可以親自試試看。

名越康文

TITLE

你是哪一種鳥?

STAFF

ORIGINAL JAPANESE EDITION STAFF

| | | |
|---|---|---|
| 出版 | 三悅文化圖書事業有限公司 | |
| 作者 | 名越康文 | |
| 譯者 | 高詹燦　龔亭芬 | |

| | |
|---|---|
| 總編輯 | 郭湘齡 |
| 責任編輯 | 林修敏 |
| 文字編輯 | 王瓊苹　黃雅琳 |
| 美術編輯 | 李宜靜 |
| 排版 | 菩薩蠻數位文化有限公司 |
| 製版 | 明宏彩色照相製版股份有限公司 |
| 印刷 | 綋億彩色印刷股份有限公司 |
| 法律顧問 | 經兆國際法律事務所　黃沛聲律師 |

| | |
|---|---|
| 代理發行 | 瑞昇文化事業股份有限公司 |
| 地址 | 新北市中和區景平路464巷2弄1-4號 |
| 電話 | (02)2945-3191 |
| 傳真 | (02)2945-3190 |
| 網址 | www.rising-books.com.tw |
| e-Mail | resing@ms34.hinet.net |

| | |
|---|---|
| 劃撥帳號 | 19598343 |
| 戶名 | 瑞昇文化事業股份有限公司 |

| | |
|---|---|
| 初版日期 | 2011年12月 |
| 定價 | 200元 |

| | |
|---|---|
| イラスト | 法嶋かよ |
| 企画・編集 | 岸川祥子 |
| | 酒井ゆう・須川奈津江（micro fish） |
| デザイン | 平林亜紀（micro fish） |

國家圖書館出版品預行編目資料

你是哪一種鳥?10隻鳥10種個性,快來測測看～/
名越康文作;高詹燦、龔亭芬譯.
-- 初版. -- 新北市:三悅文化圖書,2011.12
136面;14.8×21公分

ISBN 978-986-6180-77-4 (平裝)

1.人格心理學　2.性格　3.人格特質

173.75　　　　　　　　　　　100024597

TORIKOKO - SHIAWASE WO MITSUKERU SEIKAKU SHINDAN
© Yasufumi Nakoshi 2010
Originally published in Japan in 2010 by LEED PUBLISHING CO., LTD., Tokyo.
Chinese translation rights arranged through TOHAN CORPORATION, TOKYO.,
and Keio Cultural Enterprise Co., Ltd.